高校学生工作的理念方法及实践探索

史冬辉 著

中国农业出版社
北 京

图书在版编目（CIP）数据

高校学生工作的理念方法及实践探索 / 史冬辉著
.—北京：中国农业出版社，2023.6
ISBN 978-7-109-30802-2

Ⅰ.①高… Ⅱ.①史… Ⅲ.①高等学校－学生工作－研究 Ⅳ.①G645.5

中国国家版本馆 CIP 数据核字（2023）第 106771 号

中国农业出版社出版
地址：北京市朝阳区麦子店街 18 号楼
邮编：100125
责任编辑：郭 科
版式设计：杨 婧 责任校对：刘丽香
印刷：北京中兴印刷有限公司
版次：2023 年 6 月第 1 版
印次：2023 年 6 月北京第 1 次印刷
发行：新华书店北京发行所
开本：700mm×1000mm 1/16
印张：13.5
字数：207 千字
定价：78.00 元

作 者 简 介

史冬辉：男，中共党员，硕士，浙江农林大学党务干部，曾任学校二级学院分管学生工作的党委副书记，长期从事高等教育管理和大学生思想政治教育研究，发表论文 10 余篇，主持或参与省级、厅级和学校课题 10 余项，曾获浙江省高校优秀辅导员等荣誉称号。

前言

高校学生工作是高校人才培养的重要组成部分，在加强学生思想政治教育、维护校园安全稳定、促进学生成长发展等方面发挥着重要作用。当前高等教育内涵式发展理念深入人心，各项举措扎实推进。作为高校人才培养子系统的学生工作理所当然也应走内涵式发展道路，进一步创新理念、改进工作方法、积极探索，以学生工作内涵式发展推进高等教育内涵式发展，更好服务高校人才培养。

在此背景下，探讨高校学生工作理念、方法，总结工作实践，为学生工作内涵式发展提供参考，显得必要且具有现实意义。

本书内容共分6章，第一章主要从学生工作概念、目标和内容等方面对高校学生工作进行了概述；第二章重点对大学工、基于学生终身成长、终身学工等学工理念进行了阐述；第三章对学生工作者的角色定位问题进行了分析，提出了学生工作者应成为学生目标制定的推动者，问题的发现者、收集者、解决者、转介者，以及学生成长发展的支持者等角色定位；第四章论述了学生工作方法，包括确立理念、构建制度、建好队伍、问题导向、遵循规律、整合借力、程序化管理、有为无为等八个方面；第五章探讨了学生工作热点难点问题，如学生成长型思维培养、成长内驱力提升、婚恋教育等；第六章主要介绍了学生工作过程中的一些探索，包括工作案例等内容。

本书可供广大从事高校学生工作的朋友阅读和参考。

本书在写作过程中参考了众多专家学者的研究成果，在此表示衷心的感谢！由于精力和能力有限，本书论述中可能还存在不全面不严谨之处，恳请广大读者批评指正。

著　者

2023年3月

目 录

第一章 高校学生工作概述

高校学生工作兼具理论性和实践性，进一步明晰学生工作基本概念、目标和职责，有助于把握学生工作全貌，更好提升学生工作的有效性和针对性，促进学生成长发展。

第一节 学生工作概念

学生工作是高校教育管理的重要组成部分，在人才培养等方面发挥着重要作用。高校学生工作研究起源于欧美，20 世纪 90 年代学生工作的概念传入中国（应中正，2017）。学术研究与工作实践中，与“高校学生工作”一词相类似的还有“高校学生事务管理”“高校学生管理”“大学生管理”等，其中“高校学生事务管理”源于欧美，一般认为“高校学生工作”与“高校学生事务管理”的概念相类似。我国学者在实际研究中时常把“高校学生工作”与“高校学生事务管理”这两个概念作为同义词来使用。因此，在高校学生工作研究与实践中，“学生工作”“学生事务”“高校学生管理”“大学生管理”的表述同时存在。

那么学生工作具体指什么？很多专家学者从不同的角度进行了阐释。学界较为公认的是胡志宏关于学生工作的观点，他认为：“学生工作是指那些直接作用于学生，由专门机构和人员从事的有目的、有计划、有组织地发展、养成、提高学生政治、思想、品德、心理、性格素质和指导学生正确行为的教育、管理和服务工作。”蔡国春（2000）综合中美两国的不同情况，并充分考虑我国当今学生工作的特征，将“学生事务管理”或“学生工作”以及广义上的“学生管理”这一组概念的基本含义界定为：高等学校通过非学术性事务和课外活动对学生施加教育影响，以规范、指导和服务学生，丰富学生校园生活，促进学生成长成才的组织活动（“非学术性事务”和“课外活动”是指高校学术事务和课堂教学以外的，作用于学生生活和成长的手段和方式方法的总和，是对学生实施课外教育的途径和载体）。王国彦（2016）认为，学生工作是指除专业能力培养外，学校为学生发展提供支持所有工作的总和，是学校育人工作的重要组成部分，是学校全员、全过程、全方位提供的影响。与美国“学生事务”强调服务和学生发展相比，我国的学生工作对思想政治教育功能更加强化，重视思想政治教育“主渠道”“主阵地”作用，结合树立学生发展理念，丰富学生服务种类，较“学生事务”范畴更宽、更系统。张微（2019）认为，高校学生工作是指高等学校在贯彻与落实党和政府高等教育方针的前提下，以“立德树人”为目标，为促进在校学生的全面发展，成为社会主义事业合格的建设者和接班人而面向在校学生开展的课堂教育以外的所有教育、管理与服务工作及针对工作主体自身开展的队伍建设工作的集合；高校学生工作者主要指目前在高校中无论专兼职而实际从事高校学生工作的一线工作人员，包括辅导员、班主任和院系党总支副书记等。综合分析上述专家学者的论述，对学生工作的界定总体上有三个方面的相似之处：一是强调学生工作是除学术能力培养或者专业能力培养之外的教育管理服务活动；二是强调工作主渠道在课外；三是强调我国学生工作突出思想政治教育，实际上欧美国家的学生事务管理也强调学生的思想引导，主要区别在于欧美国家在方式上更加注重隐性的教育引导。结合欧美国家学生事务管理发展历程，分析国内学生工作具体实践，笔者认为学生工作有广义和狭义之分，广义的理解就是大学工概念，指除学生学术培养之外的旨在促进学生成长发展的所有教育管理服务工作；而狭义的理解则是专门的学生工作部门、团委、学院副书记、辅导员、班主任等专职从事学生教育管理服务的部门和人员开展的旨在促进学生成长发展的所有工作的统称。

第二节　学生工作目标

明确工作目标是做好工作的前提和基础，否则在工作中容易出现抓不住重点、挂一漏万，甚至南辕北辙的现象。高校学生工作也是一样，首先要十分清晰工作目标。在日常工作中，经常会出现将学生工作内容代替工作目标的情况，比如，一谈到学生工作，就会想到要做好党团建设、学生心理健康教育、学生资助等，仿佛这就是学生工作的一切。应该说，工作目标和内容有联系、不矛盾，有其内在同一性，但是两者决不能画等号。一方面，要实现工作目标需要大量的具体工作来支撑，没有具体工作来谈实现工作目标，那是空谈。就像要建一座大楼，如果没有钢筋水泥等建筑材料，那大楼将永远是空中楼阁，永远停留在脑海里、想象中、图纸上。另一方面，离开目标谈具体工作，往往容易在工作中出现偏差，或者影响工作质量和效果。又如仅有钢筋水泥等建筑材料，没有造高楼的规划设计，那么这些建筑材料将组合不到一起发挥其造高楼的作用。总而言之，高校学生工作目标决定了具体的学生工作内容，反过来，具体的学生工作内容要服务于实现工作目标，两者相辅相成，不可偏废。

那么高校学生工作目标是什么呢？首先从“高校学生工作”这六个字中开始解析。从字面理解，它至少包含这几层意思：第一，是高校，它属于高等教育范畴，因此毫无疑问具有高等教育的基本属性，要遵循高等教育的基本规律；第二，是高校学生，也就是说工作的对象是大学生这个特殊群体，区别于高中生或者初中生甚至小学生等，从社会身份来看，区别于工人、农民或者其他从业者；第三，从工作定位来看是学生工作而不是学业培养或者专业教育，区别于学术性教育。笔者认为高校学生工作的目标包含四个层面，分别是国家社会层面、高校层面、学科（专业）层面、学生个人层面。

一、国家和社会层面

《中华人民共和国教育法》第五条强调，“教育必须为社会主义现代化建设服务、为人民服务，必须与生产劳动和社会实践相结合，培养德智体美劳全面发展的社会主义建设者和接班人。”《中华人民共和国高等教育法》第四条指出，“高等教育必须贯彻国家的教育方针，为社会主义现代化建设服务、为人民服务，与生产劳动和社会实践相结合，使受教育者成为德、智、体、美等方面全面发展的社会主义建设者和接班人。”这两部法律从国家层面规定了教育的目标，就是要培养德、智、体、美等方面全面发展的社会主义建设者和接班人，这是教育的根本方向问题。党的十八大以来，党和国家高度重视“为谁培养人、培养什么人、怎样培养人”这个教育的根本问题。高校学生工作作为高校人才培养的重要组成部分，因此毫无疑问必须紧紧围绕党和国家总目标开展育人工作，须臾不能偏离，这是原则和方向。

二、高校层面

这是第二个层级，每所高校由于发展阶段不同、所处的地域不同、类型不同、学科专业不同、定位不同等而有着自身独特的校史校情，这些差异决定了人才培养模式和目标不同。国家建设和发展需要各种类型的人才，既需要学术研究型，也需要技能实践型，正因为各个高校有着各自特色的培养目标，才能造就国家和社会需要的各种各样的人才，更好服务于社会主义现代化建设。比如“985”高校、综合性省属本科院校和专科院校等在培养目标上就有所不同。笔者查阅了部分“985”高校的大学章程，其对人才培养目标阐述如下：“培养以天下为己任，具有健康体魄与健全人格、独立思考与创新精神、实践能力与全球视野的卓越人才”“培养德智体美全面发展、具有国际视野的高素质创新人才和未来领导者”“致力于培养肩负时代使命、具备全球视野、推动科技创新、引领社会发展的未来各行各业拔尖领军人才和优秀创新创业人才”，等等。再来看综合性省属本科院校的人才培养目标，如“培养‘求实、务实、扎实’的高素质创新人才和卓越教师，培养德智体美劳全面发展的社会主义建设者和接班人”“培养具有生态文明意识、创新精神与创业能力的高素质人才、拔尖创新人才和区域现代农林业的未来领导者”。学校人才培养目标定位不同，作为高校人才培养重要组成部分的学生工作理应主动结合学校人才培养目标定位，设计开展有各自学校特色的学生工作，以更好实现人才培养目标。

三、学科（专业）层面

高校因各自不同的定位和特色，设置了不同的人才培养目标，具体到学科（专业）层面，又会有更加具有自身特色的目标定位，这同样需要考虑，并在具体学生工作中进行设计和实施。

四、学生个人层面

每个学生都有自己独特的一面，有自己的特点，有自己独特的成长目标。有些可能想成为企业家，有些可能想成为研究者，有些可能想成为公务员……学生工作应立足不同学生的成长发展需求，助力其实现目标，也就是帮助学生实现其发展目标。

综合起来，笔者认为学生工作目标应围绕两个方面展开：一是帮助学生树立正确的世界观、人生观、价值观，启迪智慧；二是坚持党和国家育人方针，有机融合学生个人成长目标、学校人才培养目标，最终实现党和国家育人总目标。

第三节　学生工作内容

我国高校学生工作内容随着国家经济社会发展和高等教育自身改革发展而不断变化发展，从新中国成立初期的强调学生思想政治教育，到当前的涵盖学生思想政治教育、事务管理、成长发展辅导等，工作内容发生了深刻的变化。具体如党团建设，理想信念教育，形势政策教育，校园文化建设，学风建设，学生竞赛组织，班级管理，社团指导，学生公寓管理，法制和纪律教育，各类先进、奖学金评比，行为管理，学生问题处理，心理健康教育，学生资助，新生始业教育，毕业教育，就业创业等，涵盖学生从入学到毕业全学程学生教育管理服务工作，应该说工作内容繁多，任务艰巨。因目前高校学生工作的归口部门基本为学生工作部（学生处），因此笔者查阅了部分高校学生工作部门的介绍（有些高校人武部与学生工作部合署，因此加入了人武部相关职责），以做比较和验证。

高校A：党委学生部、学生处负责本科生党建和思想政治教育、事务管理、发展支持等工作。党委学生部、学生处始终坚持以立德树人为根本任务，在继承中发展，在传承中创新，构建并不断完善与学校内涵式发展要求相适应的学生工作体系，努力在新时代引导青年学生“肩负使命”，助力青年学生“追求卓越”。不断创新学生思政工作新形式、新做法，积极引导青年学生将人生理想自觉融入国家社会的发展进程。持续加强学生事务管理体系建设，重点加强管理服务制度化规范化、工作内容精细化、工作方式信息化，以制度建设为抓手规范管理服务。不断加强学生工作教学体系建设和教学质量保障，全面提升教学质量。构建和完善实现学生全覆盖的全频谱学生发展指导体系，引领全国高校学生发展指导领域专业化发展，促进学生全面成长。探索适应国际学生趋同管理的学生工作新模式，实现覆盖国际学生的服务、管理、培养环节，进一步提升校园国际化氛围。

高校B：党委学生工作部（学生工作处）是在学校党委和行政部门的领导下，行使有关学生教育、管理和服务工作职责的职能部门，负责学校全日制本科学生的思想政治教育和事务管理服务工作。

主要工作职责：通过开展理想信念教育、形势与政策教育、道德品质教育、法制法纪教育、党员培养教育、新生入学教育和毕业生思想教育等活动，对学生进行以社会主义核心价值观为主导的思想政治教育，引导学生树立正确的世界观、人生观和价值观；通过建立和维护大学生德育网站及学生基本信息数据库，组织实施学生工作信息化、现代化管理，积极推进学生思想政治教育进网络工作；通过选拔、培养和管理全校专职学生政工干部队伍，指导兼职学生思想政治工作人员，大力加强德育科学研究，努力实现学生工作队伍的专业化、职业化；通过开设大学生心理健康教育选修课、团体心理辅导、心理咨询，开展大学生心理健康调查分析及指导大学生心理卫生协会组织等形式，加强大学生心理健康教育，提高大学生心理素质；通过建立和完善大学生奖励机制，评比和表彰学生先进集体与个人，评审与发放各类奖学金，促进优良学风的形成；通过调查与处理学生违法违纪事件、教育与转化违法违纪学生，抵制邪风、匡扶正气，促进良好校风校纪的形成；通过及时掌握学生思想动态、深入排查矛盾隐患、积极教育引导和及时有效管理，维护校园和社会稳定；通过建立家庭经济困难学生资助体系，组织和实施国家助学贷款、社会助学、学费减免、临时性困难补助、勤工助学以及医疗保险等活动，解决学生实际困难，以助学促育人；通过组织实施新生军训，选拔培养国防生，做好大学生国防教育和后备军官选拔培养工作。

高校C：学生工作部、学生处是负责学校学生思想政治工作及管理工作的职能部门，其主要职责是：

（1）负责本科学生的思想政治教育、日常管理和安全稳定工作。

（2）负责学生思想政治工作队伍的建设和管理工作。

（3）负责普通本科学生的招生工作。

（4）负责普通本科学生的就业工作。

（5）负责普通本科学生的评奖评优和困难资助工作。

（6）负责普通本科学生的违纪处理工作。

（7）负责学生心理健康教育与咨询工作。

（8）完成学校和上级组织交办的其他工作。

高校D：学工部（人武部）学生处、校友办公室是在学校党政领导下，负责全校学生的教育管理、指导协调全校学生工作的职能部门。学工部立足立德树人的根本任务，紧密结合学校学生工作的特点和情况，结合“五育并举”，深化“三全育人”综合改革，为学生成长成才提供优质服务，为建设双高校而不懈努力。

负责全校学生的思想教育工作，深入学生，了解掌握学生的思想动态、学习、生活状况，负责学校的学生稳定工作和突发事件的防范工作；负责辅导员、班主任队伍建设；负责学生国家贷款、勤工助学和学生资助工作；负责学生综合素质测评与评优、评奖工作，违纪学生的处理工作；负责实施新生军训和始业教育的组织工作；负责征兵入伍工作；负责学生公寓管理，做好协调、监督、指导各二级学院落实各项与公寓相关的工作；负责就业指导、管理和服务相关工作，统计和发布就业信息；负责心理健康教育教学工作的组织与协调工作，做好心理普查、心理咨询等相关工作；负责学生服务中心日常管理，办理在校生证明、医疗保险理赔报销、火车优惠卡充值发放等工作；负责学校校友相关工作，做好校友信息联络和学校教育发展基金会日常管理等工作。

上述四所高校中有“985”高校、普通本科高校以及职业技术学院，从其介绍来看，工作内容总体上差异不大。有些学者把学生工作内容总体分为教育、管理、服务三大类，笔者认为结合目前学生工作实际，学生工作除学工队伍建设之外，总体上可以概括为五大类工作内容：第一类是学生思想政治教育类，包括组织开展政治理论学习宣传、理想信念教育、纪法教育、校园文化营造、党团学习活动、开展谈心谈话了解学生思想动态、形势政策教育等；第二类是组织建设类，如学生党团建设、班级建设、学生会建设、社团建设等；第三类是学生日常管理类，包括组织各类先进、奖学金评比，班级管理，学生公寓管理，学生日常行为管理，突发事件处理等；第四类是学生服务类，比如新生大学适应辅导、心理健康服务、学生资助服务、就业服务、各类生活事务的转介或者办理等；第五类是学生发展支持类，如各类竞赛组织、社会实践组织、职业生涯发展指导等各类学生成长发展平台搭建和转介。需要指出的是，一方面，开展学生思想政治教育、理想信念教育，帮助学生树立正确的世界观、人生观、价值观和促进学生成长发展始终是学生工作的主题主线、主要内容，在实际工作中，不可偏离；另一方面，这五类工作不是机械隔离的，也不是哪些工作可有可无、无足轻重，而是互为整体、有机融合的，在管理服务、发展支持中蕴含着教育。比如学生资助这项工作，看似一项简单的学生服务事项，但其中包含着如何教育引导学生正确看待贫富问题，如何激发学生自立自强，以更好的表现和成绩报效家庭、社会和国家等工作，从这个角度讲学生资助工作又属于学生思想政治教育和发展支持范畴。

第二章　学生工作理念

理念是行动的先导。学生工作纷繁复杂，如何在纷繁的工作中高效处理学生事务，高质量实现学生培养目标，工作理念至关重要。

第一节　大学工理念

当前，社会对高等教育及人才培养提出了新的要求，学生工作的环境发生了深刻的变化，伴随而来的是高校学生工作内涵与外延的不断拓展。在这个背景下，越来越多的学生工作同仁逐渐感觉到学生教育管理单凭学工线“单线作战”已越来越困难，如何适应和超越当前的工作要求，笔者认为确立大学工理念非常必要。

那么什么是大学工理念？蔡婧（2016）认为大学工教育理念的“大”有两层意思，一是指学生工作主体的扩展，从以学生工作部门、辅导员、班主任等人员为主体向校领导、专业教师、校内其他职能部门等多主体扩展；二是指学生工作类型和范围的广泛，从传统的学校教育和管理扩大到家庭教育、社会教育；其认为大学工教育理念拓展了学生工作的视野，拓宽了学生工作的渠道，把社会资源、环境资源、信息资源都纳入了学生管理工作的资源统筹规划，通过校内互动、校际合作，牢固形成育人合力，从而把青年大学生培养成学会认知、学会做事、学会合作、学会发展的跨世纪人才。杨练武（2017）认为大学工模式即在共同育人的前提与共识下，在学生工作过程中充分借助教学工作（乃至科研工作、学科建设）的资源与优势，高度融合，实时互动，注重评估与反馈，从而提升学生工作与教学工作整体效果的模式。上述两位学者的表述虽然不同，但其核心思想有共通之处，都强调工作资源的整合问题。笔者认为大学工理念指遵循育人客观规律，在发挥工作主体能动性的基础上，充分整合和利用校内外资源，调动和挖掘一切有利于或有助于学生教育管理服务的积极因素，促进学生成长发展的学生工作模式。

大学工理念要求学生工作更具开放思维、系统思维，更加强调合作意识和整合能力。以开放思维为例，开放思维要求不能把眼光局限于自身范围内，而应跳出自身内部，把眼光转向外部来拓展和获取工作资源。比如大学生创业教育，创业教育作为一项人才培养的重要组成部分，在学生创业精神培养、创业能力锻炼等方面有着重要的作用，但是从师资、场地、资金等方面来看，特别是有创业实战经验的师资队伍，学校内部显得捉襟见肘。如果把目光投向社会和企业，会发现有一大批创业人士和从事创业管理的人士可以为学生工作提供帮助。又比如学生的日常教育，我们一直习惯依靠自己的力量进行工作，如果在与家长充分沟通的基础上，充分发挥家庭教育的作用，学生工作队伍将变得更加坚强而有力，许多工作将变得更加鲜活而有成效。

基于大学工理念，笔者认为高校学生工作可以从整合校外与校内资源两个方面进行。对于校内资源整合，学生工作者都比较容易理解，学者论述也相对较多，而从校外拓展学生工作资源，从实践层面看，还有很大空间。因此，当前要特别强调加强与校外的对接，争取社会的力量与资源。这些力量与资源可以是政策支持、资金赞助、人力资源支持、场地支持等，也可以是集体层面或者个人行为，对于所有有利于学生工作开展，有利于人才培养的力量与资源都应持开放的态度并积极争取。如浙江大学“紫领人才培养计划”给学生工作以很好的启发。该计划结合新时代对新型公共服务人才的呼唤和需求，以内修信仰情怀和外修公务本领为目标，邀请政界厅级以上领导干部担任紫领公益导师，邀请省市年轻处局级领导干部、校内彩虹人生思政团队老师和紫领毕业年轻校友共同组成紫领导师团，亲自帮带紫领学员，培养富有责任担当与奉献精神、能担当民族复兴大任的时代新人①。该项目实施以来，在实践中成效显著。

① 浙江大学第十四期紫领人才培养计划启动［EB/OL］.（2022-11-20）［2023-01-10］. https：//www. zju. edu. cn/2022/1122/c32862a2686575/page. htm.

笔者原所在学院，与行业企业合作开设创新创业班，邀请企业骨干为学生授课和进行创业实践指导，拓宽了学生视野，取得了积极的成效。

第二节 基于学生终身成长理念

教育是面向未来的工作，学生工作如何在关照学生当下的同时做到面向未来，为学生未来的发展打下更好的基础，应是每位学生工作者需要思考的问题。培养学生成才、为学生事业取得成功打下基础是学生工作者的工作目标。另外，关注学生成才的同时，学生工作者更应该关注学生的成长。笔者认为一定程度上帮助学生成长比成才显得更重要，对于学生发展更显价值、更具持久性。因为人的一生是一个成长的过程，成长是永恒的、动态的、发展的，成长意味着努力、意味着奋进，而成才则是一个标准，而且有些时候很难判定到底达到什么样的标准算得上成才。

基于学生终身成长，有两层意思。第一层意思指学生工作应围绕学生成长来开展，这个成长包括心理成长、能力锻炼提升，评价系统应明确以学生是否成长来激励和引导学生；第二层意思指学生工作不仅考虑学生在校的成长，还应关照学生未来，帮助其适应社会，为更顺利地转变为职业人及为人父母等做好准备。举个例子，学生步入职场可能会遇到很多问题，如何应对这些问题；又比如学生毕业后在不久的将来会结婚生子，这个过程中如何处理家庭关系、如何为人父母等，这些看似与高校学生工作联系不太紧密，但实际上与学生的发展息息相关。既然与学生发展相关，学生工作就应提供平台，为学生更好的发展助力。

为更好地理解把握基于学生终身成长的理念，有必要探讨成长的内涵以及成长与成才、成功的区别。

一、成长的内涵

《现代汉语词典》对成长一词的定义是“向成熟的阶段发展”；百度百科对成长的解释是“一般指长大、长大成人，也泛指事物走向成熟，摆脱稚嫩的过程。简而言之，就是自身不断变得成熟稳重的一个变化过程”。新教育实验发起人朱永新教授 2021 年在江苏教育报上发表的《成长是人生最好的姿态——2021年新年致新教育同仁》一文中对长大与成长做了精辟的论述，有助于学生工作者更加精准理解成长的内涵。文中讲到“生活在岁月里，每个人都会自然而然地长大，就像刚刚过去的一年，处境再艰难，努力不努力都一样，一下子也就过去了。长大，变老，是客观规律，儿童、少年、青年、中年、老年……是生命的不同发展阶段，就像树的年轮一样，时光在人的身体上留下印记。从出生到长大，再到衰老、死亡，人的生命力，就像一条正态分布的曲线。但是，长大不等于成长。长大与身体有关，与岁月有关。成长与心灵有关，与学习有关，与年龄无关。成长，学习，也有客观规律，却可以跨越不同的年龄段。一位老年人，同样可以像孩童那样充满好奇心，敢于挑战权威，同样可以很纯真，不受世俗影响。很多人，一直在长大，却没有成长”。新东方教育集团创始人俞敏洪（2020）在《我的成长观》的自序《相信成长的力量》中写道“‘成长’与‘长大’，是两个不同的概念。长大，可以说是这个世界上最容易的事情，只要时间不停，我们就可以年龄增加、体重增加、肉体衰老……但是成长不一样，除了自然的成长，我们更多指的是心理的成长、认知的成长、能力的成长，等等。长大未必就是真的成长，因为成长跟年岁没关系，而且没有止境，比如，我到了这个年龄，依然要成长，依然每天要习得新的知识、新的智慧”。学者陈根法（2019）在其著作《成长的奥秘》一书中写道“人的生长之所以被称为成长，是由于人不仅仅是肉体的生长，还是精神的成长，是精神上长大成人的意思”“精神是一种更高级也更复杂的生命现象，我们所谓的成长正是精神上的成长”。笔者认为成长有两个方面的内涵：一方面理解为生物学意义上物质层面的生长，如身体长高等个体生理方面的发展，从内隐外显的角度来看更倾向外显，从发生方式来看是一种自然的规律，从指向上来分析，既可以指人也可以指物；第二方面理解为精神、心理、能力等方面的发展，从内隐外显的角度来看更倾向内隐，从发生方式来看是一种主体主动获取并内化的过程，从指向上来分析，则主要指人。从教育的角度来看，主要指第二个方面的内涵，侧重强调精神、心理、能力等方面的发展。

综合专家学者对成长的论述，笔者认为成长具有以下特性：一是主动性，二是向善性，三是永恒性，四是实践性，五是社会性。主动性就是指主体能动性，要成长首先主体要有内生动力，要有理想和追求，因为成长不像长大那样自然而然发生，要成长首先要有主体的成长意识。向善性是指成长的方向性，所谓成长应该是主体向好的方向发展，要契合社会和国家的发展要求。永恒性是指成长是永无止境的，世界是不断变化发展的，新事物层出不穷，作为社会的个体或群体不学习不思考，就会落后于时代，因此成长不是一劳永逸的。实践性是指主体在成长过程中要付诸行动，所谓一分耕耘一分收获，不会随着时间的流逝、年龄的增长自然而然、理所当然地得到成长。社会性就是指成长离不开特定的社会环境，人是社会中的一员，社会是成长的土壤，人不能独立于社会而成长，同时人的成长又推动社会发展。

二、成长、成才与成功

在教育领域，谈到成长，绕不开与其密切相关的另外两个概念，即成才与成功，因此需要阐释成长、成才和成功这三者之间的联系。首先什么是成才?《现代汉语词典》解释为“成为有才能的人”，一般意义上的理解即成为人才。是否成才，是不是人才，是一个标准和评价问题，不同历史时期不同社会环境下，不同行业不同领域，成才的标准往往不一样，是随着社会的发展而不断变化的。经常讲对人才的要求要德才兼备，这个德具有共通性，各行各业都对德行品行有要求，因为德行品行是基础，正所谓，德者，才之帅也。但是具体到才或者能的时候，要求就不一样了，比如管理人才和专业技术人才，他们的标准就不一样，也正因为如此，有行行出状元之说。那么什么是成功?《现代汉语词典》对成功的解释为“作动词用时指获得预期的结果，做形容词时指事情的结果令人满意”。实际上，成功一词我们并不陌生，学习、工作都期望获得成功，但对什么算成功或者说成功的标准往往因人而异，不尽相同。那么成长、成才、成功三者之间是什么样的一种关系呢?笔者认为成长是成才和成功的前提和基础，或者说是必要条件，离开成长谈成才和成功是空中楼阁，不切实际；成才、成功是成长的目标和动力，引领成长。因此说，成长、成才、成功三者是相辅相成、相互促进和发展的内在统一。

三、转变观念思路，创新教育方式，积极实施成长教育

首先要明白成长教育是怎样的教育？分析和梳理成长教育的相关文献，不同学者从不同的角度对成长教育进行了探讨和阐释。陈巍（2011）借鉴《卡尔·威特的教育》一书的观点“青少年成长过程中，在学习文化科技知识的同时，还要学习做人、强化心理能力”，由此，认为成长教育在教育目标上是培育人格健全、心理阳光、生活幸福的人；教育内容上指对身心各方面素质及智慧的开发和培育；从成长教育的教育群体看，不仅指青少年，还包括各年龄段的人，因为任何年龄段的人都要不断适应社会的发展和进步，有必要进一步地学习，需要在自我教育的基础上不断进步。章志强（2006）认为成长教育是对“未成年人”在“成人”和“成才”过程中进行主动引导的综合性教育，指出“成长教育”的最大特点是把“人的发展”放在教育目标的第一位，本质是以学生健康成长为指向的综合性教育，终极目标是学会学习、学会生活、学会做事、学会发展。成长教育专家兰海（2018）认为成长教育是一个关注全人终生、合作的科学体系，在这个体系中，帮助个体在心理、生理及认知与能力水平上的全方位成长，关注个体当下的快乐体验，更在意个体长远发展，认为成长教育的特点分别是全人终生、科学多元、合作系统、开放发展。

综合分析专家学者对成长教育的研究和论述，虽然对成长教育面向的群体有所差异，但对成长教育内涵的阐释整体上还是比较一致的，都认为成长教育是一种综合性的教育，是面向未来的教育等。笔者认为考察成长教育内涵，可以从两个维度进行。第一维度，是基于成长本身含义的考察，前面论述了成长的内涵，成长不但包括人的生物性的长大，而且更加强调人的精神、心智、认知的发展，因此成长教育首先是一种综合的教育和全面的教育，不应区分为强调学习的智力教育或者强调心理教育的情商教育等，成长教育从理念上说应该是一种整体性教育。第二个维度，是从社会发展的维度来看，人的成长是无止境的，一方面社会的发展进步需要每个成员来学习新的知识、新的社交模式来适应社会的发展，同时社会成员又在成长的过程中产生了新知识并以此推动社会进步发展，如此循环往复，推进社会发展。因此从这个维度来讲，成长教育应面向所有的群体，

因为成长是无止境的，应该是伴随一生的终身教育，所不同的是每个阶段成长教育的侧重和角度不一样。综上，笔者认为，成长教育是侧重于人的全周期成长和可持续发展而实施的综合性整体性教育。

如何来实施好大学生成长教育？笔者认为主要做好三个方面的工作：一是评价考核的转换，要转变以学生成绩论英雄的思维，建立多维评价、综合评价体系；二是要注重学生成长的过程，引导学生从强调关注结果转向努力的过程，比如拿学习来讲，要引导学生思考投入了多少精力，与原来比投入少了还是多了，一个学期学会了哪些新知识，有哪些新感悟等；三是要以人的全周期成长的视野来设计和谋划学生工作，这其中当然有些单凭学生工作力量很难达成，但至少要树立这样的理念，自身干不了，可以多借力，多搭建平台。

第三节 终身学工理念

俗话说：“一日为师，终身为父。”意思是哪怕只教过自己一天的老师，也要一辈子将其当作父亲看待；比喻对待老师要像对待父亲一样敬重。这是从徒弟或学生的角度来谈如何对待老师，反过来师傅或者老师应该怎样来对待曾经教过的学生呢？笔者认为，按照“一日为师，终身为父”的逻辑来推理，师傅或者老师应该终身把自己曾经教过的徒弟或者学生像自己的孩子一样对待。当然，前者“一日为师，终身为父”反映的是我们这个国家和民族尊师重教的优秀传统品质，倒过来推理教师对学生的态度稍微有点牵强，但至少一点需要指出的是教师与学生一旦建立师生关系，这种关系是永久的、永恒的。辅导员、班主任等高校学生工作者与学生是接触最频繁最密切的教师群体之一，他们了解学生，与学生亦师亦友，在学生成长成才的征途上与学生结下了深厚的情谊。大学校园生活是学生美好青春的回忆，在这里他们开心过、彷徨过、奋斗过，留下了青春的足迹，与学校结下了不解之缘……很难想象从学生毕业离开学校的那一刻起，学校之于学生的工作就到此结束了。这样的情形不但在情感上很难接受，而且在实际工作中也不现实。学生毕业对于学校而言，意味着学校新的学生工作模式的开启，而非结束。对于学校而言，重要的是设计契合毕业生成长发展的学生工作模式，实现毕业生成长发展与学校发展互促互融。笔者认为在学生工作层面应当树立终身学工的理念。

一、什么是终身学工理念

终身学工理念指高校学生工作不仅针对在籍在校学生，还应通过以柔性工作为主的工作方式，持续为学生成长发展提供支持和服务，并贯穿学生一生的工作理念。

二、终身学工理念的意义及价值

（一）有助于毕业生（校友）与学校发展共同体打造

毕业生与学校是一个发展共同体，随着经济社会发展和高等教育发展，这种共同体现象越来越明显，联系越来越紧密。从毕业生的角度看，一方面随着经济社会的快速发展，知识更新日新月异，对人的素质能力提出了更高的要求，终身教育不但成为一种共识，而且已经成为现实的必需，而学校恰好可以提供终身教育的平台；从校友的事业发展来看，学校的声誉、地位无疑为校友增添无形的价值，校友资源更是毕业生发展的宝贵资源。从学校发展的角度看，毕业生的发展成为评价学校的重要因素，直接影响学校的声誉，进而关系学校发展。同时，校友在捐赠、助力人才培养、为学校发展牵线搭桥等方面的影响更是不可估量。举一个例子，如学校的招生宣传工作，假如每个校友能向一个家庭推荐学校，那这种宣传不但在数量上将不可估量，而且在推荐质量上也是有可靠保障的，因为这当中有校友自身的体验，更能获得家长、考生的信赖。笔者在学院工作时，就经常碰到家长表达类似的话语，“我们报考你们学校是我某个朋友介绍的，他（她）就是你们学校毕业的，他（她）在我们单位干得很好，人也非常不错，我想报你们学校肯定不错。”每当听到家长这样朴实无华而发自内心的语言，笔者就非常感动和激动，感动于校友的爱校之情，为学校有这样成千上万的热心校友而自豪，同时也觉得作为学校必须加强与校友的联系，要关心校友的成长发展，创造更好的平台，更好助力校友发展。

（二）有助于学生工作高质量发展

什么是学生工作高质量发展？笔者认为学生工作高质量发展核心就是

要使学生工作能真正启迪学生的智慧、真正走进学生的心灵、真正使学生得到锻炼和感悟，总结起来就是要使学生有获得感。在校内开展学生工作，受制于空间、师资队伍等影响，讲理论、讲理想、讲要求比较多，这是学校的特点也是学校的优势，在工作中必须坚持和发扬，但是也存在一线鲜活的案例缺乏、空间环境切换少等不足，一定程度影响学生工作的实效。广大校友蕴藏巨大的学生工作资源，比如在职业生涯规划这件事情上，学生工作者理论讲得再好、书本的案例举得再充分，但始终觉得对学生的思想冲击还不够，还缺那么“一口气”。笔者所在学院曾经借学院院庆之机，邀请了不同专业毕业的校友来学院给对应专业的在校生讲述自己的成长经历。当这个邀请发出后，校友回应非常积极，准备非常认真，几次电话与学院交流讲座具体细节，生怕辜负学院和学弟学妹的期望。最后，交流当天，学生参与积极性非常高，座无虚席，原本计划 90 分钟的讲座交流，最后因为大家交流非常热烈，居然延长了将近一小时。同学们会后反馈，校友讲得非常贴近他们所思所想所感，收获满满，受益匪浅。这样的讲座交流效果为什么这么好，笔者想一方面校友讲的正是学生要听的；另一方面是情感共鸣，校友对学院学弟学妹有情感，是带着真情实感在讲演，而不是为了完成任务的空洞介绍，而学弟学妹对校友则是充分信任，校友的真实经历有天然的说服力。

院庆校友报告

（来源：浙江农林大学园林学院网站）

三、如何构建和落实终身学工理念

第一，全体上下领导干部、教职员工在思想上要统一，要转变观念，充分认识终身学工的价值意义，毕竟终身学工理念的贯彻落实意味着学生工作时限的无限延长，空间的无限拓宽，一定程度上意味着工作量的增加，意味着大量时间和精力的投入。如果思想不通，工作就会有负面情绪，带着负面情绪开展工作还不如不做。因为校友与学校之间坚实的纽带就是情感，学生工作需要有温度，带着负面情绪工作一方面效果肯定不会好，另一方面反而会给校友带来负面的感受。

第二，在政策制度上予以保障。首先学校要将校友工作作为学校一项常规的日常工作纳入工作计划，明确校友工作是各学院、部门的基本职责、基本工作，而且要纳入考核。长期以来，一些学校的校友工作往往是想起来重要，但忙起来就容易忘掉，到了校庆、院庆的年份，再发动全体师生力量集中精力收集信息，集中联络，并邀请部分校友在校庆日、院庆日来学校参加庆典活动。这样的做法应该说是起到了密切学校与校友联系的作用，但这种做法还是缺少持续性、系统性，总体上缺少顶层设计，联络起来总是给人有生硬感，缺少那种自然而然的状态。究其原因，还是缺少制度的规定，考核的跟进，变成了一项可做可不做、做多做少都没有影响的工作。因此要成立专门的工作机构，并有专人负责，形成一支专兼职队伍。目前，绝大多数高校都成立了校友办这样的工作机构，明确了工作职责，也配备了相应的工作人员，但是整体上工作队伍的构架还不够完整、运行的机制还不够顺畅。笔者认为校友工作应与学工部门紧密对接，充分调动辅导员等学生工作者的积极性，发挥他们紧密联系学生的优势，创新联络机制，推进校友联络工作高质量发展。形成以每个辅导员为一个校友联络节点、学院为校友分站、校友办为总站的校友联络模式。辅导员校友联络节点的功能是收集、汇总信息和需求，起到校友与学院、学校的桥梁纽带作用。

第三，强化校友主人翁意识。校友主人翁意识的培养是在平常的点滴工作中积累的，有了主人翁的精神，关心学校、支持学校自然而然会成为一种自觉。俗话说，“知之深，爱之切”，要通过多种方式传播学校的动态，充分利用传统的和现代的各种媒介，包括通过纸质报刊、网络电子信息推送等让广大校友及时了解学校的各类资讯，时刻让校友感到学校就在身边。强化校友主体身份认同，如有些高校推出对校友使用学校资源进行不同程度的优惠或者免费等工作。同时经常性举办各种活动，邀请校友共同参与，增强校友学校体验感，比如举办各种文体活动等，通过活动加深了解，强化情感。

青春契约 千名师生校友以“奔跑”相聚

（来源：浙江农林大学网站）

第四，学校应充分发挥高校自身在人才培养、科学研究、社会服务、文化传承与创新、校友众多等方面的优势，搭建各类平台，为校友的发展和需求提供尽可能的服务，比如再教育平台、发展咨询平台、交流平台、合作平台，努力把学校打造成真正的校友之家和校友发展的策源地、加油站、服务站，让校友在碰到问题时能想得起、找得到，能够真正得到帮助。

第三章 学生工作者的角色

学生工作者与学生之间是一种亦师亦友的关系，在促进学生成长发展过程中，学生工作者扮演着多重角色，其中在学生目标制定、问题解决、发展支持等方面应扮演好合适的角色。

第一节 学生目标制定的推动者

“目标设置理论”认为目标本身就具有激励作用，目标能把人的需要转变为动机，使人们的行为朝着一定的方向努力，并将自己的行为结果与既定的目标相对照，及时进行调整和修正（靳媛和李娜，2007）。大到一个国家、一个民族，小到一个单位、一个个体，如果要发展进步，制定目标是第一位的。这是决定方向的问题，没有目标，就没有动力，没有效率。每个人的精力是有限的，同时每个人又是有着无限潜力的。有了目标就能把分散的精力集中在一起，又能充分激发潜力，一个组织或一个个体就容易成功。

无数的成功人士在谈及自己的成功经验时都不约而同地把有明确的目标作为一条重要的秘诀。有些成功人士甚至认为在一定程度上，大学生不完整的目标也比没有目标要强，至少学生有目标以后会朝着这个方向努力，并在实践的过程中逐步修正目标并最后取得成功。高校学生工作，关键的一项工作就是要引导学生制定自己的目标，这是一项基础性工作。在日常教育管理中，学生工作者发现自律性强、各方面表现优秀的同学都有明确的目标，知道自己要干什么、干成什么。部分大学生中存在的无所事事、彷徨、犹豫等现象在很大程度上与没有明确的目标有直接关系。

笔者在学院从事学生工作的时候，在新生到校报到时都会送上一张制作精美的入学“四问”卡片，具体内容分别是“我是谁?”“我到大学里来寻找什么?”“毕业时我想成为什么样的人?”“怎么样度过我的大学（研究生）生活?”。通过这“四问”来激发学生思考、探索，制定自己的目标。

入学“四问”

在目标制定过程中，学生工作者要引导鼓励学生结合兴趣去探索，开拓视野。同时，通过目标的探索制定，学生的自主精神和探索能力也得到了锻炼。讲到这里，当前开设的大学生职业生涯规划实在是太有必要了，很有必要进一步拓展和延伸，笔者认为每个学年都有必要开设，根据不同年级进行针对性的讲授，因为大学生目标需要持续地去强化和引导。

第二节　问题的发现者

如何提升学生工作的针对性、实效性是学生工作研究和探讨的重要课题，其中发现问题是重要的一环。没有发现问题，就根本谈不上解决问题，就像射箭没有靶子，努力没有目标，航行没有方向，最终的结果就是人力物力精力费了很多，但效果不理想，结果不满意，事倍功半，甚至徒劳无功。

没有建立在解决问题之上的工作，其价值可想而知。可能有人会反驳，工作过程中可能不存在问题啊。笔者认为学生工作首先要确立这样的理念，即问题和矛盾无处不在，缺少的是发现问题的精神和能力。当前，经济社会发展日新月异，各种新事物、新观念层出不穷，学生工作对象又处在成长的关键期，存在问题是必然的。从工作对象的角度看，可能每个人面临的问题不一样，或者面临同样的问题但是程度不一样，如学业问题，有些同学可能为达到良好的标准而苦恼，有些则可能为达到优秀而焦虑；再或者心理问题，有些可能仅是一时失落、情绪低下，而有些则可能是需要进行强有力的专业干预。如果存在的问题不去发现，可能一天两天，甚至一个月两个月都不会有实质性的问题爆发，但是时间长了以后再遇上激发的因素，一旦爆发将容易引起复杂的局面，这个时候工作起来就被动了，需要花费更多精力暂且不论，对学生成长和单位工作的正常开展都将带来负面影响。

分析每一个学生事件的背后，几乎都有问题的前兆。作为一名学生工作者，首先要有问题意识，要带着问题工作；要不断提高发现问题的能力，把发现问题作为一项必备的技能，在工作实践中不断提升。要建立发现问题的通道，比如要开展经常性的谈话，经常深入学生寝室，积极参加学生的活动，加强与专业教师的沟通交流等，留心注意观察学生的言行举止，通过多种渠道及时发现问题。

因此，学生工作者不同于一般行政管理人员上班要定格在办公室，要求坐班，而应根据实际需要进行工作。不能简单认为一直在办公室办公就认为这名学生工作者敬业认真，没有一直在办公室的学生工作者就不敬业，重要的是要看这名学生工作者具体在干什么，也就是要看内容而不是只看形式。

第三节　问题的收集者

前面谈到，学生工作者应是问题的发现者，这是从基于学生工作者的角度出发主动履职层面而言；同时，学生工作者还要成为问题的收集者，应向广大学生表明自己的态度，即欢迎学生反映问题。不同的学生个体呈现不同的特点，有的碰到问题、遇到困难会主动求助，有些则碍于怕麻烦老师等各种因素，选择藏在心里，或者自己想办法解决。当然，学生的有些问题，可能不是学生工作者能够处理的，比如后勤服务等，但是作为学生工作者还是应该欢迎和鼓励学生反映问题。因为从学生的角度看，有时候很难判断什么样的问题该向谁反映或求助哪个机构。

在教育领域，班主任或者教师成为学生问题的收集者的实践已屡见不鲜，更何况是专门从事学生工作的同志。这里举两个媒体报道的例子，以供参考。

报道一①：河南濮阳，95后小学班主任桑老师为学生设置“烦恼盒子”。每周一晚自习，学生们可以把自己的烦心事写在纸上，放进“烦恼盒子”，桑老师看完后会和大家沟通。桑老师想更了解学生，但有的学生会不好意思开口，用写纸条的方式，他们就能畅所欲言。

传授知识的同时，还不忘关注孩子们的内心烦恼，遇到这样的老师是孩子们的福气。

有意思的是，不少网友评论说，看到这则新闻，才知道小小的人儿居然有这么多烦恼，而且不少还是直接来自他们的父母。

是啊，都说孩子是无忧无虑的，孩子们的烦恼往往容易被大人忽视，家长总觉得有吃、有喝，有好的学习环境就够了。

但孩子们在他们那个年龄段有不能解决和跨越的难题，更需要父母的理解和帮助。

否则孩子长期压抑，无法排解，将会对他们的成长产生很大的影响。

报道二②：天津市机电工艺技师学院青年教师王宁，在班里设置“烦恼回收站”，专门搜集学生们的各种烦心事。自今年秋季开学以来，“烦恼回收站”已经接到十多件烦恼求助。针对每一个“烦恼”，王宁都想尽办法帮学生解决。

---

① 老师收集学生烦恼：家长请停止成为孩子烦恼的制造者［EB/OL］.（2022-04-08）［2023-01-15］. https：//zhuanlan. zhihu. com/p/494928970.

② “烦恼回收站”是呵护学生心理健康的有益尝试［EB/OL］.（2022-11-22）［2023-01-16］. https：//baijiahao. baidu. com/s? id=1750134569831438154&wfr=spider&for=pc.

专家学者评论：如何正确处理和同学之间的关系，怎样面对学习中的压力，怎么对待生活中的失败和挫折……青少年常常会有各种各样的困惑和烦恼。这些心理上的疙瘩如果不能及时解开，轻则影响学习，重则可能会导致抑郁症等心理疾病，危害身心健康。老师在班里设置“烦恼回收站”，让学生倾诉糟心事，及时有针对性地进行疏导，帮助学生祛除“心病”，把心理问题消灭在了萌芽状态。这不失为呵护学生心理健康的有益尝试。

不论是小学生、中学生、大学生甚至走上社会的成年人在不同阶段都会面临不同的问题，作为专门从事学生工作的同志来说，收集学生问题理应是工作的应有之意。

第四节　问题的解决者

《中共中央 国务院关于进一步加强和改进大学生思想政治教育的意见》（中发［2004］16号文件）在“加强和改进大学生思想政治教育的基本原则”中指出“坚持解决思想问题与解决实际问题相结合。既讲道理又办实事，既以理服人又以情感人，增强思想政治教育的实际效果”，在“努力拓展新形势下大学生思想政治教育的有效途径”这一部分中又强调“努力解决大学生的实际问题。思想政治教育既要教育人、引导人，又要关心人、帮助人”。2017年，中共中央、国务院印发的《关于加强和改进新形势下高校思想政治工作的意见》又进一步指出，“把思想价值引领贯穿教育教学全过程和各环节，形成教书育人、科研育人、实践育人、管理育人、服务育人、文化育人、组织育人长效机制”“要在服务引导中加强思想教育，把解决思想问题与解决实际问题结合起来，做到既讲道理又办实事，加强学生学业就业指导，帮助大学生顺利完成学业，加强人文关怀和心理疏导，促进大学生身心和人格健康发展，加强对家庭经济困难学生的资助工作”。

从以上两个文件可以看出，帮助学生解决实际问题是高校学生思想政治工作的重要原则和有效途径。学生工作者是高校学生思想政治工作的重要力量，毫无疑问应把解决学生问题作为一项重要的工作记在心里、扛在肩上，要千方百计主动为学生解决成长中的各种问题，促进学生成长发展。同时，通过解决学生问题，拉近师生距离，增进师生情谊。师生情感建立起来了，学生工作就容易了，学生就愿意听你的话、跟你走，思想政治教育也就水到渠成。

第五节　问题的转介者

积极主动发现问题，成为学生问题的收集者，并且努力解决学生问题是学生工作者的基本职责，也是学生教育管理的重要途径和方法。与此同时，必须清楚学生工作者由于自身能力、学识以及工作职责等方面的原因，在解决问题方面也不是万能的，不是所有的学生问题都能解决，这是不现实的，也不切合实际，比如有些严重的心理问题处理、专业的学业辅导、后勤服务等。

解决学生问题是学生工作非常有价值的工作，既然问题发现了，也收集了，如果不解决问题，任问题堆积、发展，那后果是不想而知的。那怎么办？这个时候对问题进行转介，就显得非常必要了。一方面，学生工作者在自己知识能力范围内将问题及时进行处理；在此基础上，对于不熟悉、不擅长或者不是职责范围内的问题应及时分类，进行梳理分析，建立转介、分流机制，把问题转给专门的部门进行处理。这时候，学生工作者的定位是问题的中转站。关于学生问题转介，在学生日常教育管理服务过程中，对于学生心理问题的转介做得比较普遍。随着心理问题学生人数的增加和《中华人民共和国精神卫生法》的出台，很多高校出台了学生心理问题转介的相关制度，规范学生心理问题转介。在实际工作中，根据具体问题进行不同的转介，如果学生考研存在困惑，不知道如何选择合适的报考学校，则可以为其推荐和联系相关的专业老师，为其指点迷津；如果是后勤服务的问题，则可以集中问题后反映给相关后勤部门。

问题转介的实质是帮助学生在解决问题过程中搭建一座桥梁，让学生找到合适的人或者专业的机构，并由合适的人或者专业的机构解决相应的问题。

第六节　成长发展的支持者

高校的根本任务是立德树人，促进学生成长发展。相较于教师学业传授，学生工作在培养非学业能力素质方面有着独特的优势和作用。随着经济社会的发展，对人的能力素质提出更高要求，大学生面临着更激烈的竞争，成长发展显得更加迫切。

高校学生工作者要把是否促进学生成长发展作为检验自身工作的重要标准。一方面通过交流谈话等方式在思想上给予引导、在精神上予以支持；另一方面要搭建和创造各类平台，为学生锻炼提供更多的实践机会。纸上得来终觉浅，绝知此事要躬行，讲的就是实践的作用和地位。

从一定意义上讲，学生工作的重要价值就在于给学生搭建和创造锻炼的机会和平台。比如合作精神的培养，课堂上可以引经据典进行阐释，但是如果没有在实践中真正地经历过、反思过和感悟过，这种理解往往还是不够深刻。让学生组织参与活动，积极的实践，这个过程中学生就会碰到很多的问题，怎么组织，怎么策划，怎么分工，怎么确定时间、地点……每个环节都会碰到问题难题，学生把问题难题解决了，他们也就成长了，能力素质也获得了提升。

在日常工作中，一项学生活动结束后，让参与的学生表达自己的感悟，这时能经常听到这样的言语，“某某同学的工作很关键，某某的参与很重要……”这样的实践感悟与课堂的理论传授结合起来，我想合作精神、责任感等的培养将是坚固的，学生将受益一生。

江汉大学校长景新华寄语新生：学生时代吃的苦、走的弯路、跌过的跟头、撞过的南墙，都将是大家人生路上的宝贵财富。又如一则微博写道①：“慢慢会明白，能说服一个人的，从来不是道理，而是南墙；能点

① 慢慢会明白，能说服一个人的，从来不是道理，而是南墙［EB/OL］.（2022-07-31）［2023-01-18］. https：//weibo.com/ttarticle/p/show? id=2309404797253071274788.

醒一个人的，从来不是说教，而是磨难。任何人的劝阻，都不会让你大彻大悟……”

因此，学生工作者应重视学生成长实践平台的搭建，让学生在施展才华的同时经历问题，克服挫折，实现茁壮成长。

第四章 学生工作方法

学生工作是一门艺术，应十分注重工作的方式方法。方法正确可以事半功倍，反之则事倍功半，甚者没有效果。

第一节 确立理念

理念是行动的先导，理念之于一个国家、一个单位、一项具体工作乃至个人成长发展都至关重要。张维迎（2014）在《理念的力量》一书中写道：“理念是重要的，人的行为不仅受利益的支配，也受理念的支配；社会的变革和人类的进步基本上都是在新的理念推动下出现的，没有理念的变化就没有制度和政策的改变；中国过去三十多年所取得的成就是理念变化的结果，中国的未来很大程度上取决于我们能否走出一些错误的理念陷阱，而没有思想市场，就很难有新的理念的出现和传播，从而整个社会就会失去变革的源泉。”书中又写道：“理念的力量在社会变革中表现得最为显著。人类历史上的很多变革，不是一种利益战胜了另一种利益，而是一种思想、主义战胜了另一种思想和主义，或者新的理念战胜了旧的理念，也可以说是理念战胜了利益。”

那么什么是学生工作理念？有学者认为学生工作理念就是人们在理性思考和亲身体验基础上形成的关于学生教育和管理工作本身及其价值和价值实现途径的坚定不移的根本性判断与看法，主要是说明学生工作的本质、性质、功能和发展规律究竟应当是什么；学生工作的理念是学校开展学生工作的原点和依据（丁东宇，2006）。

如何确立学生工作理念？张维迎在《理念的力量》中谈到“理念是从哪里来的？理念来自思想市场！所谓思想市场，就是不同观点、信仰、理念、思想、主张之间平等和自由的竞争”。因此，按照这样的逻辑，确立学生工作理念首先必须解放思想，采取开放的态度，吸收借鉴中西方一切先进的思想和理念，包括教育理念、管理理念、人的全面发展理论等。学生工作的本质是人的工作，因此关于人的教育发展的所有理论都应借鉴。在确立理念时应进行思想大讨论，充分发挥集体的聪明才智。要特别指出的是，研讨确立工作理念时不应仅局限在校内或者业内，而应把范围扩大到广大校友、用人单位以及学生家长等层面。因为校友了解学校发展的历史和特点，用人单位对人才的素质能力要求有自身的深切体会，学生家长更加了解学生的特点和秉性。通过综合各种信息和观念，确立什么样的工作理念就会比较清晰，也更加切合实际，避免闭门造车的现象。

确立工作理念应充分考虑我们本民族的文化特征，从中汲取文化营养，体现时代性。有学者谈到，在更新学生工作理念、推进学生工作改革中，必须清楚地认识到，学生工作理念不是一个孤立的现象，它深深植根于本民族的文化模式之中。这种文化模式、精神价值有意识或无意识地制约着生活于其中的每一个体的活动方式，并渗透到本民族的政治、经济、文化教育等社会活动中，成为这些活动的机制。学生工作理念一方面要尊重和传承优秀文化传统，展现我国学生工作特色和自信，另一方面要进行具体分析，不拘泥于传统，不被传统束缚。

学生工作理念应有适度的前瞻性。学生工作的对象是大学生，对于大部分学生来说大学教育是其接受最高层次的系统全日制教育，毕业后他们将作为一名社会人走上工作岗位。从这个角度来讲，高校学生工作不能简单地将工作对象大学生等同于一般的学生身份，比如中学生、小学生，而应作为一名过渡的社会人的身份来考虑。要考虑其走入社会如何适应、如何规划人生、如何承担起家庭的责任等问题；从社会角色的角度来看，帮助他们如何成为一名好员工好领导、好父亲好母亲、好丈夫好妻子等。

因此，高校学生工作理念在出发点上不能仅停留在如何培养优秀的学生这个层面，同样重要的是要定位如何培养未来的人。这样不至于在学生离开校园走入社会后，面临诸多的不适应，不知如何应对。

第二节　构建制度

《现代汉语词典》关于制度的解释有两种，一种解释为“要求大家共同遵守的办事规程或行动准则”；另一种解释为“在一定的历史条件下形成的政治、经济、文化等方面的体系”。百度百科对制度的解释为：制度，也称规章制度，是国家机关、社会团体、企事业单位，为了维护正常的工作、劳动、学习、生活的秩序，保证国家各项政策的顺利执行和各项工作的正常开展，依照法律、法令、政策而制订的具有法规性或指导性与约束力的应用文，是各种行政法规、章程、制度、公约的总称。规章制度的使用范围极其广泛，大至国家机关、社会团体、各行业、各系统，小至单位、部门、班组。它是国家法律、法令、政策的具体化，是人们行动的准则和依据，因此，规章制度对社会经济、科学技术、文化教育事业的发展，对社会公共秩序的维护，有着十分重要的作用。制度建设是具有根本性、全局性、稳定性和长期性的重大问题。

同样，学生工作制度在高校学生工作中有着同样重要的意义，是学生工作治理体系建设的重要组成部分，也是现代大学制度建设不可或缺的重要一环。制度健全，管理者就有了实施管理的基本依据，学生就有了行动的准则，可以说制度是基础、是核心，制度对学生管理工作而言具有决定性的现实意义。就像邓小平同志反复强调的“制度具有根本性的决定作用”，他指出“制度问题更带有根本性、全面性和长期性”“制度是决定性因素”（洪海松和郑如莹，2008）。

那么什么是高校学生工作制度或者说学生管理制度？有学者认为高校学生管理制度是现代大学管理制度的重要组成部分，是高校调节和控制与学生相关的各种关系和个人行为的规范体系。高校学生管理制度不仅包括高校和各级教育管理部门制定的各种条例、规定、章程和实施细则等正式规则，也应包括相应的实施机制和非正式规则（张冠鹏，2013）。也有学者认为高校学生制度是指高校以及国家有关的法律法规，主要是为了保障高校教学工作的正常进行，为全体学生提供良好的教育教学秩序而制定的一系列在全校范围内具有普遍约束力的各种规定、办法和制度等（李涛等，2022）。笔者认为，高校学生工作制度是高校根据上级文件和政策，为达成育人目标而出台的关于学生工作的系列规定办法等，应包括学生工作主体和学生工作对象两个方面的内容。学生工作制度只规范工作对象，而不包括工作主体，这是不完整的，应该是一体两翼的一种格局。

制度有好坏之分，学生工作制度直接关乎育人成效，因此出台学生工作制度应充分认证，考虑周全。学者周望在《好制度要“于法周延、于事有效”》一文中认为“于法周延、于事有效”是好制度的一个基本原则和根本标准。“于法周延”是制度逻辑上的要求，要求逻辑周延和自洽；“于事有效”是制度实践上的要求，是制度生命力之所在。周望认为好制度应当符合一些具体标准：第一，制度要符合实际，不能超越阶段。要实事求是，考虑国情和党情，考虑制度建设的周期，还要考虑一些条件和技术手段的局限。有些事情目前做不到就先不要强求，有些事情一下全面推开做不到就先试点，有些事情暂时做不到也不必急于做，可以等条件成熟了以后再做，否则欲速则不达。第二，制度要有针对性。制定制度不是为了装饰，不要花拳绣腿的花架子，而是为了解决问题，要成为对症下药的药方子。制度不在多，而在于精，在于务实管用，突出针对性和指导性。如果空洞乏力，起不到应有的作用，再多的制度也会流于形式。第三，制度要有可操作性。法规制度的生命在于执行。好的法规制度如果不落实，只是写在纸上、贴在墙上、编在手册里，就会成为“稻草人”“纸老虎”，不仅不能产生应有的作用，反而会损害法规制度的公信力。可执行可操作的制度应当是具体明确的，规则清晰、含义明确，避免过于原则、笼统、模糊或逻辑不周延。第四，制度要有系统性、整体性、协同性。制度是一个整体，要做到系统完备、衔接配套；制度与制度之间要搞好配套衔接，做到彼此呼应、增强整体功能，不能相互矛盾①。

那什么是好的学生工作制度呢？

首先，要与时俱进。随着经济社会发展变化，身处的社会环境变了，对人的能力素质要求变了，工作对象变了……工作的对象和环境变

① 周望．好制度要“于法周延、于事有效”［EB/OL］．(2019-09-24)［2023-01-17］．https：//www．workercn．cn/251/201909/24/190924112656449．shtml．

了，服务于培养人的制度就要变，否则这个制度不仅起不到促进作用，反而会成为阻碍。纵观我国高校学生工作制度的变迁，无不体现了与时俱进的特征：从高校学生管理制度正式创设时期（1949—1990 年）的以基础性、规范性、政治性以及集权性为主要特征发展到全面建设时期（1991—2005 年）的以育人性、法制性、自主性以及针对性为主要特征，再到不断完善时期（2006 年至今）的以树人性、灵活性、法治性和参与性为主要特征的变迁（左晶晶和段鑫星，2021）；在价值视角上，从关注国家和社会发展转向关注人本身；在体系特征上，愈加彰显系统化和法治化；在管理方式上，高校自主权逐步扩大，管理体制实现了多元共管的模式建构（张冠鹏，2013）。因此，从我国学生工作制度的发展与演变中得到启示，制度的生命力在于适应形势发展，与时俱进，不因循守旧，僵化呆板。

其次，学生工作制度应达成政府、社会、学校、学生工作者和学生五者之间最佳的一种平衡。理论上讲，在达成育人目标上，政府、社会、学校、学生工作者和学生五者之间是辩证统一的，是一致的。但这并不代表在具体实践过程中，某个主体对于某一项工作可以基于管理需要完全站在自身立场上考虑问题，而应充分考虑各主体的现实与诉求，力争达到一种平衡。比如对学生的惩戒，一方面对违反校纪校规的学生要予以严肃处理，达到教育和警示作用，维护学校正常教育教学秩序，同时惩戒制度的实施还应考虑学生的后续影响和未来发展，达成既教育人又“挽救人”的效果，而不是一味地追求“严”，通俗讲就是不能做得“过头”。当然对于严重的违纪违法事件那是另当别论。新制度经济学的观点认为制度是一系列正式约束和非正式约束组成的规则网络，它约束着人们的行为，减少专业化和分工发展带来的交易费用的增加，解决人类所面临的合作问题，创造有效组织运行的条件。制度的功能就是为实现合作创造条件，保证合作的顺利进行。有学者认为制度起源就是为了规制人们之间的相互关系，减少交易成本，使合作得以顺利进行下去，最终达到集体的理性，也就是我们常说的双赢共赢（洪海松和郑如莹，2008）。借鉴上述观点，学生工作制度要达成参与主体的双赢共赢，达成最佳的一种平衡。

再者，学生工作制度应是管用有效，体现育人特色。出台制度的目的是要发挥作用，关键是要管用有效，为引导激励学生成长发展服务，为激发保障学生工作主体的积极性服务，为育人目标有效达成服务。学生工作制度应体现问题导向，对准突出问题，不是为了追求数量、好看或者应付而生搬硬套定制度。在此举一例子说明，笔者在以往工作实践中，为了掌握学生上课迟到以及缺课旷课的情况，一开始通过随机抽查向授课老师了解，后来发现，随机抽查不能了解自己所带班级学生上课情况全貌，而且实效性也很难保证，工作费时又费精力，效果又不好。经过一段时间反思，改进了工作，在所带班级中推行班级报告学生上课情况制度，统一制表，由班委负责报告，并由授课老师签名，同时规定表格上交时间；推行制度前明确告知所有学生。制度实行一段时间后，学生上课情况很快掌握，为分析学生动态提供了一手资料。

第三节　建好队伍

毛泽东有一句名言："政治路线确定之后，干部就是决定的因素。"习近平总书记指出："一个政党、一个国家能不能不断培养出优秀领导人才，在很大程度上决定着这个政党、这个国家的兴衰存亡。"党的二十大报告强调："全面建设社会主义现代化国家，必须有一支政治过硬、适应新时代要求、具备领导现代化建设能力的干部队伍。"

从一定意义上来讲，学生工作队伍就是广义的"学生干部"，承担着对学生进行教育管理服务，促进学生成长发展的职责和使命。学生工作队伍具有先导性和基础性地位，队伍能力强不强，素质高不高，直接决定学生工作水平和质量，直接影响人才培养质量。高质量推进学生工作，队伍建设是重要一环。没有一支好的学生工作队伍，学生工作目标、理念、制度的落实将打折扣，甚至成为镜中花、水中月。因此，必须花大力气建设一支思想政治素质过硬、业务精、能力强的高素质学生工作队伍。

如何建好学生工作队伍？专家学者进行了大量的研究，主要集中在宏观对策策略、经验总结、队伍专业化职业化以及学生工作队伍国际比较等方面。有学者认为只有建立了通畅的学生思想政治工作体系，科学的学生思想政治工作体制，大力加强学生思想政治工作队伍建设，不断完善学生工作队伍制度建设，才能建立一支高素质、适应新时期要求的学生思想政治工作队伍（曹红和张继革，2004）。也有学者认为符合社会分工细化、基于专业化的职业化是一条好的出路，同时进一步认为身份的认证化是学生工作队伍职业化的前提，队伍主体的终身化是学生工作队伍职业化的依托，队伍专业化是学生工作队伍职业化的核心，个体工作职责的专一化是学生工作队伍职业化的关键，岗位职别的结构化是学生工作队伍职业化的机制，职业培训制度化是学生工作队伍职业化的保障（陈静，2009）。徐艳国（2008）分析了英国高校学生工作队伍建设的特点和中国高校学生工作队伍建设相比于英国高校的优势所在，认为可以进一步在四个方面着力，分别是进一步加强学生工作队伍的实战性培训，尽快构建学生工作队伍科学的评价体系，要加快学生工作队伍专业化建设的步伐，要坚持育人为本、德育为先，真正形成全员育人的局面。王喜忠等（2016）认为在国际化大背景下，提升高校国际化水平、培养学生国际化素养对学生工作队伍提出了更高要求。高校要坚持社会主义办学方向，汇聚资源，给学生工作队伍更多的国际交流、培训学习的机会，并将“走出去”与“请进来”相结合，丰富国际化形式，以此提升学生工作队伍国际化素养，从而更好促进学生成长成才、推动高等教育科学发展。

打造一支强有力的学生工作队伍，笔者认为首先学校层面要统一思想认识，真正认识学生工作队伍在人才培养过程中的不可或缺的地位和作用，在意识上同等重要，在工作中同等重视，在投入和培养上同等对待，而不能停留在口头表态，变成说起来重要做起来忘掉，在学校碰到急难重险等重大问题时才想起来重要，而平时则处于可有可无的状态。其次要充分重视学生工作者的发展。学生工作者如果没有发展，干事的积极性和创造性就会受到影响，学生工作就没有活力，学生工作质量就得不到保证。学生工作者离学生最近，是做年轻人的工作，需要感情投入，需要有温度，需要有感染力和渗透力，因此带着情感投入和带有负面情绪进行学生工作，其效果千差万别。因此，学校要在政策上和制度上为学生工作队伍的发展创造条件。

当前，学生工作队伍的职业化和专业化渐成趋势，笔者认为这是促进学生工作队伍发展的一项重要举措。结合高校实际，学生队伍职业化专业化发展有个前提，那就是要提升辅导员的研究能力，在学术生涯上有发展，具体体现在职称晋升上要有突破。在讲学术论职称的高校，如果学生工作者学术、职称没有发展，那很难谈其他发展，学生工作的声音也很难发出，也将制约学生工作高质量发展和作用的充分发挥。拿学生工作队伍中的骨干力量辅导员来举例，目前，辅导员队伍中有高级职称的人员偏少，一方面是评审条件的原因；另一方面是学生工作队伍的研究能力也存在一定不足。但是相较于专任教师的高级职称比例，辅导员队伍比例相对还是偏低。高校一方面应在评审条件设置上考虑学生工作的实际情况；另一方面应在辅导员队伍研究能力培养上予以一定的重视。一些高校，在学生工作队伍中组建研究方向，如学生心理健康教育研究、大学生职业生涯规划、党建、青年研究等，聘请了专门的研究方向带头人，定期进行研究讨论，在实践中取得了一定的成绩。

同时，在鼓励辅导员走职业化专业化的同时，还要尊重他们的意愿，在从事学生工作一定年限后，允许其转岗到专任教师，这些专任教师岗位不能仅局限于“两课”教师，如果条件符合也可以允许转到不是“两课”的其他学科专业教师岗位，如果有更高学位要求，可以为其创造条件。归纳起来一句话，就是要创造条件促进学生工作队伍发展，激活学生工作队伍。也许有些人认为学生工作者转到专业教师有点可惜，前期的培养浪费了。笔者认为，还是要从人才培养的长远角度来看这个问题，首先只有流动的、开放的队伍才有生命力和活力，流动起来年轻人才有更多的发展机会；另外，有辅导员工作经历的人担任专任教师时，其主动了解学生所思所想的意识相对更强，更有助于开展课程思政，在传授学业的同时更好地进行思想引导，更有利于“三全”育人工作格局的构建。

最后，要严格管理，严肃纪律。学生工作队伍是育人的队伍，是大学生思想政治教育的重要力量，其一言一行直接影响高校教师队伍形象和育人质量。身正为师，学高为范，学生工作队伍应自觉按照“四有”好老师标准严格要求自己，拉高标杆，争当育人的表率。在日常工作中，要经常教育，注重日常提醒，严格管理，防微杜渐。

第四节　问题导向

问题是时代的声音，党的二十大报告要求：“我们要增强问题意识，聚焦实践遇到的新问题、改革发展稳定存在的深层次问题、人民群众急难愁盼问题、国际变局中的重大问题、党的建设面临的突出问题，不断提出真正解决问题的新理念新思路新办法。”习近平总书记强调：“每个时代总有属于它自己的问题，只要科学地认识、准确地把握、正确地解决这些问题，就能够把我们的社会不断推向前进。”坚持问题导向是马克思主义的鲜明特点，马克思提出：“问题就是公开的、无畏的、左右一切个人的时代声音。问题就是时代的口号，是它表现自己精神状态的最实际的呼声。”[①] 盛昭瀚（2019）在《问题导向：管理理论发展的推动力》一文中指出“世界上凡具有旺盛生命力的一切管理理论研究活动的出发点与归宿都是在回答和解决人类社会面临的重大管理问题，体现出鲜明的问题导向性。就管理理论研究而言，问题导向是指人们自觉地发现问题，敢于直面问题，科学剖析问题和正确解决问题的认识路线、研究路线与方法路线。无论是理论研究还是实践工作，总体上都要以问题导向为原则，这一原则贯穿于管理理论研究的完整过程中，并在该过程中表现出不同的关键节点，如最初的实际问题向理论问题的转化、理论问题的抽象化、最终的理论结论的管理真理性检验等，能否把这些关键节点上的关键问题处理好，直接关系到管理理论研究的质量与水平”。

从理论层面分析，无论是整个人类社会的发展，还是一个国家的繁荣发展，以及个人成长进步无不是一个不断发现问题、解决问题的过程。高校学生工作是一项理论性与实践性紧密结合的综合性管理工作，既要解决问题，又要分析问题原因，通过现象看本质，找出问题症结，为防范同类事件再次发生提供借鉴。坚持问题导向既是高质量开展学生工作、提升育

---

① 冯颜利．把坚持问题导向贯穿发展始终［EB/OL］．（2022-11-16）［2023-01-12］．https：//m. gmw. cn/baijia/2022-11/16/36162911. html.

人实效的必然选择，也是学生工作的重要方法。学生工作不面向问题，而流于表面和事务性工作，学生工作真正的价值将难以发挥。学生工作的生命线在于发现问题、解决问题，也只有这样，才能真正促进学生成长发展。不解决问题的学生工作，其价值和意义是不大的，也很难谈工作的质量，更多的是工作的简单重复。不面向问题的学生工作，就意味着工作没有重点，意味着工作效能低下。

从学生工作实践角度看，每个时代的学生都有各自不同的问题。从青年大学生的特点变化来看，以前经常讲五年一个代际，现在恐怕隔一年都不一样。学生特点发生变化，问题也自然而然跟着变化。以前学生的心理健康问题很少提及，然而当前学生心理健康问题已成为学生工作的一个重点问题；以前学生国际化视野培养很少提及，随着国家改革开放的不断深入和扩大，“一带一路”的推进和发展，人类命运共同体的构建，学生国际化视野和国际化能力的培养逐渐成为学生工作的重要内容，这些都对学生工作提出了新的要求。当然，还要面对学生的思想问题、学业问题、交流沟通问题、日常行为规范问题……

另外，从学生工作者成长的角度看，坚持问题导向，能够提升学生工作队伍分析问题、解决问题的能力，对促进工作研究、提升工作获得感，也大有裨益。坚持问题导向，要思考分析调研，最后要解决问题，这实际上就是基于管理问题的学生工作研究，为学术发展提供很好的研究样本。一段时期以来，高校学生工作一直得不到人们的充分理解和重视，片面认为学生工作“一看就知、一学就懂、一做就会”，是一项可有可无的琐碎职业，根本不具备理论的系统性和专业的科学性，致使学生工作遭受不应有的歧视和冷落，学生工作本身在理论研究和实践中缺乏针对性和规律性，对学校发展上贡献率偏低，走进了一个“误区”（王育德和王云江，2004）。笔者认为，造成这样误解的原因有多方面因素，其中一个重要的原因就是学生工作者由于客观的因素忙于事务，而进行问题研究、形成工作范式的相对少。

在学生工作中，首先要树立问题意识。把问题意识贯穿到学生工作的各个环节、各个方面，带着问题思考工作，开展工作。其次要加强调研分析，很多问题往往不是主动送上门的，特别是一些隐患性的问题，往往不是简单直观地摆在事物表面，而是需要深入思考和潜心研究。最后，还是要加强培训和考核，一方面通过培训，提升学生工作者发现问题、解决问题的能力；另一方面，通过考核，强化问题意识落地，增强发现问题、解决问题的效能。

第五节　遵循规律

《现代汉语词典》对规律的解释为："事物之间的内在的本质联系。这种联系不断重复出现，在一定条件下经常起作用，并且决定着事物必然向着某种趋向发展。"规律亦称"法则"，是事物发展中本身所固有的本质的、必然的、稳定的联系，是千变万化的现象世界中相对静止稳定的内容，它规定了事物的基本发展方向。恩格斯曾说过，自然界中的普遍性形式就是规律。毛泽东则认为："客观事物的内部联系，即规律性。"总的来讲，世界上的任何事物都是不断发展变化的，而这种发展变化都是有规律的（杨晓慧，2010）。学生工作涉及多个学科领域，涵盖学生教育管理服务等诸多方面，虽然工作事务繁杂，包罗万象，千变万化，但都是有规律可循的。

2016 年 12 月，习近平总书记在全国高校思想政治工作会议上指出，做好高校思想政治工作，要因事而化、因时而进、因势而新。要遵循思想政治工作规律，遵循教书育人规律，遵循学生成长规律，不断提高工作能力和水平。习近平总书记的讲话为做好新时代高校思想政治工作提供了根本遵循、指明了前进方向。教育部部长怀进鹏在《人民日报》发表的《不断推动高校思想政治工作高质量发展》一文中强调，思想政治工作从根本上说是做人的工作，要不断提升认识、把握、运用规律的能力本领，把显性教育与隐性教育、解决思想问题与解决实际问题、广泛覆盖与分类指导相结合。要及时回应师生需求，丰富载体手段，使新时代高校思政工作始终保持生机活力①。

高校思想政治工作要遵循思想政治工作规律，遵循教书育人规律，遵

① 教育部部长怀进鹏《人民日报》撰文：不断推动高校思想政治工作高质量发展［EB/OL］.(2021-12-10)［2023-01-17］. https：//baijiahao. baidu. com/s? id = 1718723045364468637&wfr = spider&for=pc.

循学生成长规律，要不断提升认识、把握、运用规律的能力本领，对于学生工作同样适用。因为学生工作本身就是高校思想政治工作的重要组成部分，大学思想政治教育是学生工作须臾不可偏离的重要内容。

高校学生工作遵循规律，笔者认为包含三层意思。第一层意思是要尊重规律，顺应规律，事先做好准备。规律有客观性，不以人的意识、意志为转移，不依赖于人的意图和愿望发生作用，人既不能创造规律也不能消灭规律。如大学生的成长受社会环境、校园环境、家庭环境等的影响；学生的心理健康问题往往在春秋两季高发多发；新生第一学期适应问题相对突出，等等。这些问题是客观的，我们不能改变，但是我们可以提前做好各项预案，做好充分的准备，增强工作的前瞻性和计划性，以免手忙脚乱、临时应对。第二层意思要掌握规律，利用规律，发挥主观能动性，积极作为。遵循客观规律不是消极被动，面对规律，学生工作不是无所作为，或者以美其名曰“顺其自然”来为自己的不作为、不积极找托词。本来可以通过努力避免负面事件发生或者将影响降到最低，但因为不作为、不积极而使事件变得不可收拾，又或者本可取得更好成效最后因错失机会变得差强人意。我们对“顺其自然”应有全面的认识，即当能想的都想了、能做的都做了，已尽了最大努力，这时候才可以讲“顺其自然”了，顺其自然是努力后的一种释然，而绝不是随波逐流，脚踩香蕉皮，滑到哪里算哪里。比如新生第一学期适应问题相对突出，这是客观规律，那么在掌握这个规律的基础上，就要针对性加强关于新生适应的相关辅导，提升新生适应能力，帮助新生顺利度过适应期；对于心理健康问题往往在春秋两季高发多发的规律，则可以把握在合适的时机开展心理健康教育活动，开展重点辅导等工作，提高心理健康教育的实效性。当然，心理健康教育在平时应该持续开展。第三层意思要加强调查研究，积极发现规律，接近规律。赵家祥指出客观规律是隐藏在现象背后的内在的、本质的、必然的联系，它并不直接呈现在人们的面前，需要通过抽象思维才能把握，所以它具有概念的特性、逻辑的特性①。这就决定了学生工作必须仔细观察各

① 赵家祥．正确理解“按客观规律办事”的含义［EB/OL］.（2018-06-04）［2023-01-12］. http：//www.71.cn/2018/0604/1003118_6.shtml.

种现象，加强分析研究，透过现象看本质，逐步揭示事物的规律。同时他又指出社会发展规律具有相对稳定性和重复性，但这并不排斥社会发展规律的表现形式是变化的，而不是一成不变的。这给予了学生工作启示：在规律面前不是一劳永逸的，要根据实际情况进行判断和分析。有学者曾经指出："规律的孕育、形成、存在和实现是一个过程。只要这个过程没有结束，这个过程的规律也就没有完全形成和实现。"这句话深刻阐释了规律的过程特质。规律的产生、存在和变化都是需要以一定的客观条件为基础的，这些基础就是事物各内在要素以及要素之间的相互作用方式，一旦要素或要素作用的方式发生改变，规律的呈现形式和作用方式也就会跟着发生变化。规律的客观性并不是指规律不发生任何变化，而是说规律不以人的意志为转移，但要随着内在条件和外在环境的变化而变化。学者杨晓慧（2010）以大学生成长为例，指出大学生的成长受到诸多要素的影响和制约，正是这些要素之间的交互作用决定了大学生成长的过程规律和基本趋势，在不同的年代背景和不同的客观条件下，大学生的自身发展运动形式以及外界环境对大学生的作用方式都在发生变化，因此不能用 20 世纪五六十年代大学生成长规律来指导当前的教育活动。因此，学生工作要在借鉴规律的基础上，与时俱进，主动探索问题、揭示规律，服务当时的学生工作，促进学生成长发展。

第六节　整合借力

借力意思是借用其力，也就是在自己的作用力基础上，借用外来的力量，而达到一定的效果。这个力不仅指人力、物力，还包括势力以及影响力，泛指自身能力以外的有助自身发展、实现目标的所有外部的助力。

为什么要借力？首先，从主体来讲无非是两个层次，第一个层次是靠自己的能力和资源无法达成目标，需要外力支持；第二个层次是靠自己能力和资源能实现目标，但距离高标准高要求还有距离，也就是说能达到及格，但离优秀还有差距。其次，从资源配置来讲，对于一个单位也好、个人也罢，绝大多数情况下资源经常是相对短缺的。在资源相对不足的情况下要实现更好的目标，这是需要借力的最朴素的逻辑。

笔者收集了三则关于借力的故事，从不同角度不同层次体现了借力在工作、生活中的积极意义。

故事一[①]：一个小男孩在院子里搬一块石头。父亲在旁边鼓励："孩子，只要你全力以赴，一定搬得起来！"但是石头太重，最终孩子也没能搬起来。他告诉父亲："石头太重，我已经用尽全力了！"父亲说："你没有用尽全力。"小男孩不解，父亲微笑着说："因为我在你旁边，你都没有请求我的帮助！"

故事二[①]：大英图书馆，是世界上著名的图书馆，里面的藏书非常丰富。有一次，图书馆要搬家，也就是说从旧馆要搬到新馆去，结果一算，搬运费要几百万元，但根本就没有这么多钱。怎么办？有人给馆长出了个主意。图书馆在报上登了一个广告：从即日开始，每个市民可以免费从大英图书馆借10本书。结果，许多市民蜂拥而至，没几天，就把图书馆的书借光了。书借出去了，怎么还呢？大家还到新馆来。就这样，图书馆借用大家的力量搬了一次家。

故事三[②]：曾经有两个饥寒交迫的好朋友，得到了一位长者的恩赐，长者分别给了他们两个人一根鱼竿和一篓鲜鱼。两人得到恩赐之后，便分道扬镳了。得到鲜鱼的人，在原地用干柴搭起了篝火，煮起了鱼。当鱼煮好之后，他便狼吞虎咽吃起来。很快，此人便连鱼带汤吃了个精光。他很快将那篓鱼吃完了，不久之后便饿死在那空空的鱼篓旁。得到鱼竿的人，继续忍受着饥饿，十分艰难地一步步朝着海边走去。然而，还没有等他走到大海边的时候，就饿死在了路上。与这两个人相反的，也有两个十分饥饿的人，他们同样得到了长者恩赐的一根鱼竿和一篓鲜鱼。只是他们并没有各奔东西，而是商定一起去寻找大海。在此期间，他们饿的时候，便会

① 借力——人生成功的捷径［EB/OL］.（2021-01-21）［2023-01-15］. https://zhuanlan.zhihu.com/p/345961883.

② 合作才能双赢，相互借力也相互给力［EB/OL］.（2019-12-22）［2023-01-17］. https://baijiahao.baidu.com/s?id=1653585703935581162&wfr=spider&for=pc.

煮上一条鱼，两个人分着吃。后来，他们经过了遥远的跋涉，终于到达了海边。从此之后，两人便开始了以捕鱼为生的日子。在几年之后，他们还在海边盖起了房子，建造了渔船，并建立了各自的家庭，有了自己的孩子，过上了幸福美满的生活。

故事简单，但道理深刻，正所谓：合则共存，分则俱损。只有善于借助他人的力量，与他人合作，方能为自己积蓄更大的力量。随着社会不断地发展，人们之间既存在着激烈的竞争，又存在着广泛的合作。如果一个人不具备与人合作的精神，不仅在事业上很难有所作为，甚至很难在竞争激烈的社会中立足①。

第一则故事，给我们启示，看起来不可能的任务，如果借力求助，不经意间就能顺利完成；第二则故事，则给我们以灵感，舍得舍得，有舍才有得，给予也是一种借力，看起来不起眼的小力量汇集起来就是大能量；第三则故事，则给我们震撼，彼此各有所长，没有合作各自所长没有发挥空间，变成空有所长，相互合作才能走得更远，合作是一种双赢的借力。

有学者指出借力思维的最高境界：知道借力，借到力，借好力。“知道借力”，也就是一个人清楚自己需要借力，这是由于资源短缺而发。“借到力”，这就从思维意识转移到了行动上，在了解自己资源短缺的情况下，通过系统的分析和判断，知道了哪里有力可借，并且用各种合理合法的手段将它借到手，这是一个行动层面。“借好力”是指在借强的条件下借最强、最好的权，而不是花时间和精力在劣质的整合上②。

因此，借力不仅是解决问题实现目标的一种思维方式思维方法，更是一种解决问题的能力，一种人生的智慧。学生工作也一样需要借力、借好力。

一方面，学生工作在人才培养、维护学校安全稳定等方面很重要，但是在高校内部由于工作显示度不高、贡献度不容易量化等因素，与科学研

① 合作才能双赢，相互借力也相互给力［EB/OL］.（2019-12-22）［2023-01-17］. https://baijiahao.baidu.com/s?id=1653585703935581162&wfr=spider&for=pc.

② 借力思维的最高境界？借力思维方法技巧？［EB/OL］.（2021-11-02）［2023-01-18］. https://baijiahao.baidu.com/s? id=1715278837981769307&wfr=spider&for=pc.

究等相对显性的工作比起来，往往会出现说起来重要，忙起来忘掉的现象，因此需要通过借力来持续重视学生工作，在政策制度上予以支持和关注，在资源保障上予以加强。

另一方面，学生工作是一个开放的系统，受外部系统与环境的影响，需要整合借力，共同打造一个良好的工作环境和条件。系统论认为系统具有整体性和环境适应性，其环境适应性认为任何一个系统都存在于一定环境之中，它必须与外部环境产生物质交换、能量交换和信息交换，在一定条件下外部环境会影响系统的结构和功能（文辉和黄少波，2007）。比如培育青年大学生社会主义核心价值观这项工作。2012 年 11 月，中国共产党第十八次全国代表大会正式提出了社会主义核心价值观。党的十八大报告中指出，要加强社会主义核心价值体系建设，深入开展社会主义核心价值体系学习教育，用社会主义核心价值体系引领社会思潮、凝聚社会共识。2014 年 5 月 4 日，习近平总书记在北京大学师生座谈会上提出："富强、民主、文明、和谐，自由、平等、公正、法治，爱国、敬业、诚信、友善，传承着中华优秀传统文化的基因，寄托着近代以来中国人民上下求索、历经千辛万苦确立的理想和信念，也承载着我们每个人的美好愿景。我们要在全社会牢固树立社会主义核心价值观，全体人民一起努力，通过持之以恒的奋斗，把我们的国家建设得更加富强、更加民主、更加文明、更加和谐、更加美丽，让中华民族以更加自信、更加自强的姿态屹立于世界民族之林。"党和国家高度重视培育和弘扬社会主义核心价值观，高校是青年大学生聚集的场所，如何帮助学生牢固树立社会主义核心价值观？学生工作有学生工作的渠道、载体和方法，同时我们更应把学生社会主义核心价值观的培育作为一项系统工程来持续推进。如果把大学生思想政治教育和管理系统的外部环境也看作一个系统，那么这个系统则包括社会环境、家庭环境和学校环境三个子系统，每个子系统又包括许多要素。外部环境系统对大学生思想政治工作教育和管理系统的影响很大，一方面优良的社会风气、和谐的家庭氛围、良好的校风学风等因素对教育管理产生的效果是学生思想觉悟的提高，高尚情操的养成，学习动力的激发；另一方面表现为不良的外部环境，如不良的社会风气、西方资产阶级自由化的思潮、时弊流言等对学生的负面影响等造成大学生思想政治教育和管理系统的失控，甚至产生不良后果（文辉和黄少波，2007）。

学生工作是牵头、是主体，要敢于并且善于向教师借力、向家长借力、向社会借力……整合校内外各种积极的资源和因素，形成合力，在大学生当中更好地进行社会主义核心价值观培育。正如有学者认为的高校学生思想政治教育工作系统应能正确处理好与外部环境相互影响的关系，使系统保持其特定的功能和环境适应性（文辉和黄少波，2007）。

伟大的古希腊哲学家、数学家、物理学家阿基米德有一句名言：“给我一个支点，我就能撬起整个地球。”那么学生工作借力的支点在哪里？

一是借好政策制度的力。党和国家高度重视大学生思想政治教育，出台了系列文件和政策，为做好大学生思想政治教育指明了方向、提出了要求，其中有些还是用数量来刚性规定。这些文件和政策是学生工作最权威、最坚实、最有力的制度保障，如能借好这个力，学生工作在顶层设计上就会有很好的保障。如何借好这个力？首先学生工作者自身要学习好文件政策，吃透精神，这是前提和基础。如果学生工作者自己对文件和政策不深入学习，一知半解，不能讲出个所以然，要借力那就比较困难。其次，在学深悟透文件精神的基础上，要结合自身实际工作，仔细分析梳理，对标对表找差距，比如组织机构有没有、人员配备足不足、经费保障充不充分等，这项工作是关键。不找差距和短板，就不知道为何借力。最后，要主动宣传，积极争取支持。通过宣传使领导和广大教师更好地理解文件的精神，凝聚共识，争取最大程度的支持。

二是借好领导的力。领导的关注和支持是重要的资源，在推动和促进工作方面发挥着重要作用。一些同志会认为，借力领导好像有点“拍马溜须”之嫌。要摈弃这样的观念和思维，我们在学生工作中借力领导是出自公心，出于把工作做好，推动工作上新台阶，服务学生成长成才，不为个人私利。反过来讲，借了领导的力，推动了工作，从另外一个层面上讲实际上也是为学校出力、为领导解忧，促进学校事业发展。借好领导的力的实现途径有多种方式，比如汇报、出席活动、协调等。汇报，顾名思义通过向领导汇报学生工作来争取领导更多的关注和支持。汇报可以主动向领导汇报，也可以邀请领导来听取学生专项工作汇报等，通过汇报来听取领导的意见建议或者指示。出席活动，就是邀请领导来出席学生工作某项重要活动，可以是某项活动的仪式，也可以是工作研讨等，目的是呈现学生工作的精彩和出彩。协调，就是对一些问题在自身层面很难解决的情况下，请领导出面协调，进而更顺利地实现工作目标。借好领导的力，在日常学生工作实践中有着意想不到的作用，但是如何能借好力呢？很重要的一个方面，就是学生工作者对工作要有深刻的思考以及周密的准备，要让领导觉得来参加或者协调该项工作非常有价值，对学校发展和学生成长发展有利，这也是检验学生工作者思考得深不深入、准备得充不充分的重要标准。

三是借好重大事件热点事件的力。学生思想政治教育既要靠引导，有时甚至是说教，同时还要有鲜活的素材，特别是正在发生的、看得到的、感受得到的重大事件或者热点事件，把教育引导与鲜活的素材两者结合起来，效果更理想。比如，美国前总统特朗普发起对中国贸易战，制裁中国企业，遏制我国发展。学生工作就应充分利用好这样的重大事件，开展好形式多样的引导教育，帮助学生更好看清一些国家的本来面目，激发学生自立自强和爱国主义精神。又比如对新冠肺炎疫情的防控，通过中西方比较，让学生体会中国的制度优势、治理效能以及坚持人民至上的理念，让学生切实感受到中方之治和西方之乱，增强“四个自信”。王瑞乐等（2022）研究发现，疫情暴发期间，大学生对个体性（公正和关爱）和群体性道德基础（忠诚、权威和圣洁）的看重程度均显著高于疫情暴发前；疫情基本得到控制后，大学生对个体性和群体性道德基础的总体看重程度并未立即出现明显回落或进一步上升。研究结果表明，与 2017 年相比，大学生的道德重视程度在疫情发生后有明显上升。龚顺和叶茂鑫（2021）研究发现，中国大学生的国家认同感整体处于较高水平；新冠肺炎疫情得到有效控制后，大学生的国家认同感进一步提升；家庭社会经济地位较低的大学生国家认同感的提升程度更大。

四是借好广大教师的力。课堂是广大教师的主阵地，是进行大学生思想引导、行为养成教育的重要载体。如果广大教师在进行课程讲授的同时，融合思想政治教育等有关内容，那么学生的思想政治教育效果将得到极大的提升。2020 年教育部印发的《高等学校课程思政建设指导纲要》指出全面推进课程思政建设，就是要寓价值观引导于知识传授和能力培养之中，帮助学生塑造正确的世界观、人生观、价值观，这是人才培养的应有之义，更是必备内容。纲要指出这一战略举措，影响甚至决定着接班人问题，影响甚至决定着国家长治久安，影响甚至决定着民族复兴和国家崛起。纲要强调要紧紧抓住教师队伍“主力军”、课程建设“主战场”、课堂教学“主渠道”，让所有高校、所有教师、所有课程都承担好育人责任，守好一段渠、种好责任田，使各类课程与思政课程同向同行，将显性教育和隐性教育相统一，形成协同效应，构建全员全程全方位育人大格局①。这个纲要为协同推进大学生思想政治教育创造了良好条件，学生工作组织和学生工作者可以通过定期交流或者个别交流等方式，加强与授课教师的联系沟通，使双方了解彼此的工作，增进教师对学生思想状况的了解，更好地开展好课程思政。当然，课程思政是其中的一个方面，还有学生成长咨询、能力提升等方面的工作，广大教师也有着自身独特的优势，如学生的社会实践、学科竞赛指导等。比如学生社会实践，这项工作在帮助学生了解社会、拓宽视野、增强才干等方面有着重要作用。那么如何开展社会实践，切实发挥社会实践的育人价值呢？从学生工作实践来看，社会实践的指导老师至关重要。如果不借助广大教师的力量，如果没有广大教师的积极参与，学生社会实践可能无法有序高质量开展。仅凭借学生工作者作为社会实践的指导老师，估计很难做到对所有学生进行全覆盖，更别提社会实践的质量和成效了。笔者曾所在的学院，专业教师是社会实践带队指导老师的主体，他们依托自身专长或研究项目带领学生开展调研、技术服务等形式多样的实践。这样一方面解决了社会实践带队老师的力量问题，另一方面通过社会实践将师生密切联系起来，实现一、二、三课堂无缝对接，在实践中取得了很好的成效。

五是借好校友的力。校友是学校的宝贵资源和巨大财富，是学校教育教学水平的集中体现，是促进学校全面、可持续发展的重要力量。学生工作中应充分重视校友的力量，发挥好他们的积极作用。校友在榜样示范、实践平台搭建、资源推进等方面有着独特优势。如毕业生就业工作，近年来由于多种因素的影响，高校毕业生就业形势严峻。如何拓宽

① 教育部关于印发《高等学校课程思政建设指导纲要》的通知［EB/OL］.（2020-05-28）［2023-01-25］. http：//www.gov.cn/zhengce/zhengceku/2020-06/06/content_5517606.htm.

毕业生就业渠道，畅通供给与需求信息互通，既实现毕业生充分就业，又给用人单位提供优秀人才，实现双赢，是学生工作的一项重要工作。加强与校友企业沟通合作，发挥校友企业优势是一个有效途径。通过与校友企业开展校企合作，有助于打造从学生职业生涯规划、实习实践岗位提供、创业指导、就业岗位提供等全过程的毕业生就业服务链条，提升毕业生就业工作质量。

六是借好学生家长的力。培养学生是一项系统工程，无论学生所处哪个学段，家庭教育始终是不可或缺的重要力量。当学生在幼儿园、小学、中学阶段，大家对家长介入学生教育都觉得天经地义，因为毕竟孩子还小，有些还未成年，需要监护人的合作。但到了大学，我们发现请家长介入学生培养的意识好像减弱了，学生工作者主动联系家长、邀请家长介入学生培养的工作做得相对少了。这里面可能有两个原因，一方面是由于大学所在地与学生家庭所在地往往不在一个城市或者有较远距离，联系起来不方便；另一方面有些家长认为孩子上大学了，在学业方面已完成了上大学的目标，不需要太多操心了，而且有学校管理，比较放心。从学生的成长规律来看，大学阶段学生将遇到比其以往求学阶段更多更复杂的问题，包括目标问题、适应问题、恋爱问题等。以往阶段，学业是学生遇到的主要问题，相较于大学生活来说显得相对单纯。大学阶段家庭教育仍然是学生培养不可偏离的重要组成部分。在日常工作实践中发现，通过与学生家长的密切配合，学生的很多问题在短时间内就得到了有效化解，而且学生整个状态都发生积极的变化。当前高校学生工作在发挥家长作用方面还有很多工作可以做，而且家长教育层次的提高以及互联网的广泛运用，为架起学校与家长沟通的桥梁提供了现实条件和基础。在发挥家庭教育作用方面，有些小学的做法值得学习和借鉴。如某个小学有个理念就是让家长一起成长，培养学生的同时还要培训家长，通过提高家长教育理念和教育水平来提升家庭教育的功效。他们规定每个学期要给家长作一定数量的关于学生成长、如何教育孩子等方面的讲座，同时邀请家长进学生课堂，举行家长面对面交流等。高校学生工作在这方面完全可以借鉴和实施。通过交流培训，帮助家长了解高等教育、熟悉教育理念、掌握教育方法，然后达成协同育人的目的，那将是多大的育人力量啊！网络的普及可以弥补空间的距离。学生工作者可以借助网络向家长通报情况、沟通工作，也可以进行线上培训辅导、交流研讨，通过多种方式，密切与家长的联系，提升家长的育人意识和育人水平！笔者认为把家长的作用发挥出来后，学生工作者的工作水平和育人质量定能更上一个台阶。

新生家长交流会

（来源：浙江农林大学园林学院网站）

七是借好学生自己的力。借好学生自己的力，首先要培养一支优秀的学生干部队伍，充分发挥他们自我教育、自我管理、自我服务的作用。学生干部本身就是学生，知道同学所思所想所需所惑，了解和掌握最真实的学生状态。学生工作一方面要对学生干部进行教育和培训，提高其能力和水平；同时要在有把控的前提下大胆使用，给学生提供更多锻炼的机会，相信学生能办好，退一步说，办不好也没关系，从另外一层意义上讲也是一种锻炼。同时应加强学生组织建设，让更多的学生有机会加入学生组织，发挥其长处，为同伴的成长发展贡献自身价值。向学生自己借力，另外一个重要的途径是发挥身边榜样示范作用。身边人教育身边人，效果更好更直接。当然，榜样示范不仅局限于学习成绩好的榜样，任何有出彩或者有亮点的学生都可以作为榜样，为学生们营造一个全方位身边榜样立体场景。

第七节 程序化管理

高校学生工作包罗万象，涉及方方面面，特别是学生工作的基层组织和具体一线辅导员，各项工作更是应接不暇。但是仔细分析梳理，每项具体的学生工作有其运行的逻辑和规律，具体到学生的某个学段或者工作的某个时间节点，工作内容总体上还是有序可循的。有经验的学生工作者工作起来就得心应手，而有些学生工作者则显得疲于应付，经常出现被工作赶着走的现象。为什么会出现这样的现象？分析起来，有经验的学生工作者往往已经提前把一些工作梳理规整，超前作出了安排和布置，什么时候该做什么，具体涉及哪些环节，都已是心中有数。被工作赶着走的学生工作者，往往因为经验不够或者没有很好地进行工作梳理和总结，没有把握好工作的节奏。因此，按照学生工作的内容和要求，进行分析梳理，明晰工作环节，细化工作流程，实施程序化管理实在非常有必要。

程序化管理最早出现于企业管理工作中，主要是指通过各工作之间内在逻辑关系而确定的、对一系列关联性活动所实施的管理方式，不仅要明确工作内容、制定具体的操作方法与规则要求、建立前后工作之间的对应关系，还要强调管理工作的整体性反馈，是构建综合一体化管理模式的有效应用。随着社会的发展，程序化管理的内容也在不断丰富和革新，广泛应用于医护、教育等各个领域中。程序化管理不但能够规范工作内容与流程，为工作目标的完成提供更好保障，而且通过明确工作内容、工作方法、工作规则，能够有效避免事故问题发生，提高管理工作的质量和效率（陈冬蕾，2020）。

程序化管理一般包括明确概念、制定程序、颁布程序、培训运行程序等步骤。在企业管理层面，陈伟中认为程序化管理的本质，实际上就是将企业管理的“人、机、料、法、环”五要素和“计划、组织、控制、激励、引导”五大基本管理手段标准化，作用和泰勒制的工作研究的原理是一样的（陈伟中，2013）。水野学（2021）认为所有的事情都是程序化的，只要能够有序开展工作，所有的工作就可以以一种程序化的流程顺利完成；只要尽可能将工作程序化，就能节省时间和精力，工作质量自然而然就提高，只要把要做的事情程序化，尽量减少做决定的次数，就能将精力集中在真正重要的事情上。

笔者认为程序化管理同样适用于学生工作领域。学生工作实施程序化管理不仅能提高工作效率，更有助于实现学生工作标准化、规范化。从学生工作标准化、规范化建设来讲，程序化管理是其有效路径。没有程序性的规定，学生工作的随意性将增加，其质量将很难保障。比如学生集体外出活动管理，这项工作在学生日常管理实践中是很常见的一件事情，特别是到周末，尤其是春秋季节，学生以班级为单位外出踏青搞集体活动的就特别多。从培养学生集体主义精神、促进学生身心健康发展来讲，学生工作者应予以支持，从学生外出安全风险的角度考虑则应加强安全教育，提高学生安全意识，防范安全风险，因为学生安全稳定是学生工作的底线。如果不明确具体的管理程序，很有可能是班级学生代表把申请表递交过来，学生工作者跟学生代表强调要注意安全之类的提醒，这项工作就算完成了。而有些注意精细化管理的学生工作者则可能会召集所有参加外出活动的同学集中进行安全教育，提出相关安全防范要求。比较两者的工作方式，就会发现同样一件事情不同的人就会有不同的处理方式，同样一项工作，有些同志简单做，有些同志做得就比较仔细，涉及的工作环节比较多，工作很周密。产生这样的现象，很重要的一个原因就是工作中没有程序化的规定。如果规定对于学生集体外出活动的管理，必须履行一些相应的管理程序，比如规定要组织学生进行安全教育、签订安全承诺、制定安全预案这三项必需的管理环节，那么从一定程度上讲，学生安全教育基本上是到位了，这项工作的标准也建立起来了，这对于学生工作规范化建设也大有裨益。又比如与学生谈心谈话，如果没有程序性规定，有些学生工作者对于谈心谈话工作可能会抓得不够全面，有可能出现有些同学谈得很多，有些同学可能一学期下来甚至一年下来都没被谈过一次的现象。当然在具体工作实践中，学生工作者认为有些同学总体表现比较好，加上精力有限，无须面面俱到都要谈。但是从学生教育管理的责任和公平性来讲，笔者认为还是有必要进行谈心谈话，当然时间和频率上可以灵活掌握。这其中对于特别需要关注对象的谈心谈话，则应在程序管理上更加精细。

从依法管理的角度来讲，程序化管理更是工作有力的保障。随着民主与法治建设的发展，我国在治国方略方面实现重大转变，即从以往依靠政策和行政手段治理国家向依法治国转变。治国方略的转变对整个社会生活产生了广泛和深远的影响，它要求各行各业的治理都要依法进行。对于高等教育领域而言，依法治校是依法治国方略的具体实践。《普通高等学校学生管理规定》突出强调高校要依法治校，规范管理。在具体学生管理实践中，形成一套学生管理程序体系，并且严格按照程序实施管理是落实依法治校、规范管理的有力保障。美国等发达国家非常重视依法治校，对学生实施民主管理，严格程序。以美国为例，其高校学生管理制度极具法制化，开展的学生管理工作不仅规范化，还有较高的透明度和严格的程序，能极大地保证学校的德育教育。需要指出的是涉及学生的评优评先奖励和处理处分时，程序化管理则显得尤为迫切和必要。比如学生评优，涉及很多环节，各个环节就是程序，从发布评优、接收评优申请、组织评选、公示到正式发布结果等，一个都不能落下。又比如涉及学生处理处分，那就更加需要严格程序了。从司法层面来讲，实体公正和程序公正是司法公正不可分割的两个方面。如果没有实体公正，即使程序公正，司法公正也无从谈起；反之，如果没有程序公正，实体公正也就不能实现，司法公正同样无从谈起。实体公正和程序公正两者之间的关系是相辅相成的。对于学生的处理处分在道理上也是相通的。当前，学生的民主意识和维权意识越来越强，这从一个方面也反映了社会的进步，同时对高校的学生管理也提出了更高的要求。当前，大学生状告学校已不是什么新鲜事，笔者在百度搜索“大学生状告学校”时，共显示约 100 000 000 个记录，这启示高校在学生管理中对实体公正和程序公正要引起足够的重视。

《普通高等学校学生管理规定》（教育部令第 41 号）特别重视程序问题，尤其在第五章和第六章相关条款中予以明确的规定，部分条款如下：

第五十四条　学校给予学生处分，应当坚持教育与惩戒相结合，与学生违法、违纪行为的性质和过错的严重程度相适应。学校对学生的处分，应当做到证据充分、依据明确、定性准确、程序正当、处分适当。

第五十五条　在对学生作出处分或者其他不利决定之前，学校应当告知学生作出决定的事实、理由及依据，并告知学生享有陈述和申辩的权利，听取学生的陈述和申辩。处理、处分决定以及处分告知书等，应当直接送达学生本人，学生拒绝签收的，可以以留置方式送达；已离校的，可以采取邮寄方式送达；难于联系的，可以利用学校网站、新闻媒体等以公告方式送达。

第五十六条　对学生作出取消入学资格、取消学籍、退学、开除学籍或者其他涉及学生重大利益的处理或者处分决定的，应当提交校长办公会或者校长授权的专门会议研究决定，并应当事先进行合法性审查。

第六十三条　省级教育行政部门在处理因对学校处理或者处分决定不服提起的学生申诉时，应当听取学生和学校的意见，并可根据需要进行必要的调查。根据审查结论，区别不同情况，分别作出下列处理：

（一）事实清楚、依据明确、定性准确、程序正当、处分适当的，予以维持；

（四）认定事实不清、证据不足，或者违反本规定以及学校规定的程序和权限的，责令学校重新作出决定。

第八节　有为无为

有所为有所不为，是为也。王凯旋（2015）在《辅导员管理工作中的“有为”与“无为”》一文中认为“无”和“有”作为事物存在的两种表现形式，“无”是潜在的“有”，“有”是显现的“无”。“无”“有”合二为一，融为一体，相伴相随。周德义（2003）认为在实际工作中“无为”就是事前把一切都预计到了，想到了，解决了，未雨绸缪，胸有成竹，从而能从容地应对各种复杂局面。正如毛泽东有诗云：“不管风吹浪打，胜似闲庭信步。”要做到这一点，实现“无为而治”，必须善于研究事物的内在规律性，在错综复杂的矛盾面前，不被假象所迷惑，胜不骄，败不馁，不为功名利禄而动，深入实际、深入生活、深入基层，从实践中来到实践中去，大兴调查研究之风，凡事真正做到胸中有数，既熟悉实际，掌握第一手资料，又熟悉法律法规，掌握事物发展的规律性，还熟悉有关工作方式方法，掌握工作技巧。

笔者认为在实际工作中对有为与无为有广义和狭义两个层面的理解。广义层面的理解，有为与无为都是作为的方式，两者都是一种工作方法和工作策略，有为与无为都是有所作为，其区分在于作为的不同方式、不同表现形式以及功能主体发挥的不同层面。从表现形式看前者属显性，是外在的，大家都看得到，后者属隐性，是内在的，需要用心体悟；从作用方式看，前者是直接作用、表现为积极的主动输出，后者则是间接发挥作用，强调因势利导；从功能主体发挥来看，前者强调教育管理主体能动性和教育管理功能发挥，后者则更关注教育管理对象主体的自我激励、自我反思、自我成长。狭义层面的理解，两者是一种价值选择和理性判断，对于工作轻重缓急、主次先后的一种理性选择，有些选择马上做、集中时间精力经费重点做，有些则选择缓做或者投放适当精力做。

学生工作为什么要坚持有为与无为的工作策略呢？

首先从资源保障来看，学生工作的资源在一定时间内是有限的，比如经费，一年的学生工作经费是有限的，不可能投放所有的项目，必须通过选择权衡，选取效果好、投入合理的项目开展；从学生工作者的时间精力看，这也是有限的，就像一辆车，即使其性能再好，如果一直处于高速运行状态，最后也将无法支撑、不可持续。笔者曾探讨高校二级学院校园文化活动实施策略，提出了坚持有所为、有所不为的工作理念，认为从现实的客观条件来分析，二级学院存在人手有限、财力紧张等不足，决定了活动不可能面面俱到；从学校对整体校园文化活动的要求上分析，需要的是百花齐放，各放异彩，体现多样性，学院校园文化活动应体现特色等。

其次从教育规律来看，既需要有声的教育也需要无声的教育，要适当地给教育管理留白，为激发教育管理对象发挥自身作用留下足够的空间。就像一个人吃饭，胃里装的食物太多了，就不好消化，甚至产生厌食，这样效果就不好了。很多时候，无声胜有声。大学生有较强的独立意识，有一定的判断能力和自我教育自我管理能力，学生工作者如果一味地“输入”，有些环节和细节处理把握得不好，有时反而会适得其反。有时适当隐藏教育意图不失是一种明智之举。有这样一则故事，就很值得我们体悟。有一个小女孩初学小提琴，如同锯木头，父母不愿听。一气之下跑到树林中去练，却得到了老太太的赞许：我的耳朵聋，什么也听不到，只感觉你拉得不错。小女孩受到鼓励，每天为老妇人拉琴，老妇人说："谢谢，拉得不错！"后来，家长惊异地发现女儿优美的琴声，忙问什么名师指点。这时，小女孩才知老太太是著名的器乐教授，耳朵从未聋。装耳聋，认真听，给自信，给鼓励。虽没施展琴艺、进行说教，但给了动力、智慧和信心。

最后从学生能力培养来看，我们必须选择有时要"放手"。对于学生的能力培养，教是一方面，另外一方面学生自己实践也同等重要。因为担心学生做不好、出纰漏，从而大包大揽，最终的结果是学生能力没有培养起来，学生工作者自身被搞得精疲力尽，工作成效自不用说。比如组织一场文艺活动，如果学生工作者从策划、组织到实施每个环节都事无巨细，亲力亲为，那么一场活动下来，很多其他重要的学生工作恐怕要被耽搁了，学生锻炼的机会恐怕也被浪费了。只有在老师指导下，自己动手去策划、去实践、去"折腾"，学生才能真正成长起来，这个过程如果遇到问题更好，学生解决问题后成长反而更快。因此，学生工作者该放手时就放手，当然整个过程仍应关注和把控，但绝不能替代和包揽。

那么在学生工作中如何实施有为与无为呢？王凯旋（2015）认为"有为"即"有所作为"，表现在精心谋事、用心干事、专心成事上；"无为"即"无为而治"，表现在教育者的"无为"促进受教育者的"有为"。他进一步阐释"无为"的方法，包括重"理"轻"管"、模糊监管、人格示范等三个方面。笔者认为王凯旋的理念、思路和方法为有效开展学生工作提供了很好的思路和借鉴。准确理解有为和无为以及辩证有效地实施好有为和无为是学生工作中一件非常有意义和有价值的事情，需要在工作实践中不断地思考、体会、实践、改进和提升。笔者认为实施有为与无为，还可以考虑以下几个方面的内容。

一是要紧紧守住学生工作者是指导者、引路人这个重要定位。在工作中应多思考怎么指导、怎么引导、怎么激发学生自我教育、自我管理这个重要问题。比如前面谈到的对于一项文艺活动的组织，学生工作者可以把学生骨干先召集起来，进行研讨，这个过程中，让学生骨干来讨论，老师不要过多发言。老师需要扮演好的角色就是倾听者和提问者，特别是提问者。通过提问来引导学生思考讨论中未涉及或者考虑还不全面的事项，对于解决的方案仍应由学生自己来讨论和解决。这样的研讨会可以多开几次，直到达成较为完善的方案或者策划为止。学生工作者在这个过程中虽然没有具体指导，但实际上已经指导到位了，因为通过提问把需要关注的问题都给解决了。而且这些所有的解决方案都是学生自己思考的，因此在具体执行过程中会更加顺畅，学生的成就感也会更强。在工作中，时刻要提醒自己是指导者和引路人，不能一时头脑“发热”变为直接参与者。苏联著名教育实践家和教育理论家苏霍姆林斯基说过：“把自己的教育意图隐藏起来，是教育艺术十分重要的因素之一。”

二是紧紧定位为规则的守护者，成为一名合格甚至是优秀的“裁判”。制度和规则一方面为学生教育管理提供了依据；另一方面也是引领学生成长的指南，因为规则制度本身就是为学生培养而制定的，其中体现着育人价值和育人导向。在工作中，应善用活用规则制度来教育人、培养人，发挥制度和规则的价值。一方面用制度激励人，另一方面用制度来定规矩，给学生画好红线、定好底线。一切按照规定办事，由制度说了算，避免造成师生之间的对立，进而影响工作效果。当好规则的守护者的同时还要成为规则的制定者和推动者，善于将学生教育管理中的一些现象与问题通过规则来处理和化解，实现从具体工作实施者的身份变为无形的裁判者和引导者，实现更高层次的思想引领。当好规则的守护者的同时还要成为一名裁判者，就是要对学生中好的和不好的各种现象及时进行点评，该表扬的要表扬，该批评的要批评，营造比学赶超的良好氛围。

三是紧紧定位为激发学生主体能动性的“激发器”。教育不只是“注满一桶水”，更是“点燃一把火”。 个人获得知识的途径和平台有很多，可以随时查阅、下载学习资料，进行自主学习，大学要做的是去启迪而不是灌输，是要“点燃一把火”。事实上，教育的本质就是发掘被教育者的潜能，培养人自由全面发展的能力，使学生获得最适合自己的教育[①]。学生工作者要做激发器，还原学生的主体地位，点燃学生成长的激情，培养学生自我教育的意识和能力。当代大学生思维活跃，想象力丰富，有很强

---

① 谢和平．教育是“点燃一把火”［EB/OL］.（2015-06-26）［2023-01-15］. http：//www.moe. gov. cn/jyb _ xwfb/s5148/201506/t20150626 _ 191190. html? authkey=boxdr3.

的自主意识、独立意识、参与意识和自主能动性，渴望展现自我、体现自我价值；他们容易接受新事物，渴望变革，富有创造精神。应充分发挥他们的优势，因势利导，遵循尊重学生主体、强调主体实践、引导学生自我教育、自我反思的教育管理理念，改变以往把学生机械地看作被动的一方，体现出学生在大学教育与管理过程中的目的性、自主性、自为性和能动性的主体特征。这里特别指出的是要培养学生的自我教育能力。正如苏霍姆林斯基所说："只有能够激发孩子去进行自我教育的教育，才是真正的教育。"又如联合国教科文组织的教育报告《学会生存：教育世界的今天和明天》中指出的那样："未来的学校必须把教育的对象变成自己教育自己的主体。受教育的人必须成为教育自己的人；别人的教育必须成为这个人自己的教育。这种个人同他自己的关系的根本转变，是今后几十年内科学与技术革命中教育所面临的最困难的问题。"当学生自我教育内化为一种自我意识或者习惯，笔者认为教育很重要的一个目的就达成了。

第五章　学生工作热点难点

第一节　学生成长型思维培养

谈到成长型思维培养，首先要明白什么是思维。《现代汉语词典》对思维的解释为：“在表象、概念的基础上进行分析、综合、判断、推理等认识活动的过程。思维是人类特有的一种精神活动，是从社会实践中产生的。”杜威认为，思维就是探究、调查、深思、探索和钻研，以求发展新事物或对已知事物有新的理解，总之，思维就是疑问。杜威（2019）在《我们如何思维》一书中指出了思维三个方面的价值，最后他引用了约翰·斯图尔特·穆勒的一段引言对思维能力的价值进行归纳：“进行推理诚可谓生活中的大事。人人都需要每一天、每一小时和每一刻对自己并未直接观察到的事情加以推断，这并非总是出于增加自己的知识这一一般性目的，而是因为这些事情本身关系到自己的利益或职业。地方司法官、军队指挥官、领航员、医生或农艺师所承担的任务就是要根据证据做出判断，并采取相应措施……他们在这方面做得是好还是不好，决定着他们本职工作的优劣。只有在这方面，他们得不停地动脑筋。”思维对于每个人都至关重要，一个人能够成功或者有所成就，不仅靠能力和知识，很多时候依赖的是其独特的思维方式。许多事例给予我们启示：人和人发展不同，其中很重要的一个方面就是思维方式的差距，一个人对待问题的态度不同，处理方式不同，做出的选择不同，最终的结果自然也不一样；思维决定行为，行为决定习惯，习惯决定命运。

关于思维及思维教学的研究，欧美国家早在20世纪初已经取得相当丰硕的成果，到五六十年代有关思维教学的理论和实证研究均已取得了长足发展，特别是进入80年代之后，美国掀起了声势浩大的思维教学运动，有关思维教学的研究随之进入空前繁荣时期。郅庭瑾和程宏（2010）认为国外中小学思维教学研究的发展对我国思维教学实践的改善具有重要的借鉴价值，认为恰当的思维课程材料和课程资源是进行思维教学的载体；但是发现虽然目前在我国已有部分中小学校引入了思维教学课程，如名称不一的“儿童哲学”“创造课”“思维训练课”等，但从系统的课程目标设定和完整的课程体系建设来看，大多数还都是一些零星的探索和局部的尝试。钱颖一（2018）认为长期以来，我们对教育的重视，主要体现在对教育价值的认知是知识获取（从学生角度）和知识传授（从教师角度）；目前的应试教育，更是一个以知识为中心的教育，因为考试的基本目的就是测试学生对知识的掌握；学生的职责是学习知识，教师的职责是传授知识，这些似乎都是天经地义的；他强调新的发展阶段对教育有新的要求和期望，教育应该更多聚焦在学生的思维发展而非知识掌握上。因此，从专家的研究和我们实际的观察判断，大学生在过往的教育中受到的系统的思维培养是不足的，因此高校教育包括高校学生工作要帮助学生补好这一课。

思维的种类很多，比如战略思维、创新思维、辩证思维、法治思维、底线思维、系统思维等，由于高校人才培养的特点，往往比较注重培养学生的创新思维、批判性思维等，而且对这两种思维的培养也得到了普遍的认同。正如钱颖一指出的那样，批判性思维教育是目前在世界范围的大学教育中普遍受到重视的一个话题，而创造性思维教育则是在关注创新驱动发展的国家更加受到重视的一个话题；在大学中，致力于本科通识教育的人更加关注批判性思维教育；在研究型大学、研究机构、企业、政府中，关注创新的人则更加关注创造性思维教育（钱颖一，2018）。

在学生工作中，笔者认为当前在培养学生批判性思维和创造性思维的同时，非常有必要培养学生的成长型思维。那么什么是成长型思维？成长型思维概念最早源于美国斯坦福大学心理学教授卡罗尔·德韦克（Carol Dweck）及其团队的研究成果；他们根据对人的智力和能力发展的不同认知，提出两种完全不同的思维模式——固定型和成长型。相较于将智力和能力视为一成不变的“固定型思维模式”，相信智力和能力可改变、可培养的“成长型思维模式”更看重努力而非聪明的作用，是学生积极发展的内部动力。成长型思维具有三个基本特征：在认知层面，强调努力比聪明更重要；自我管理层面，注重长期目标和成长过程；与他人及社会的关系层面，勇于寻求资源和支持（梅海燕等，2018）。固定型思维模式的人每天都在试图证明自己智力高、品行强，认为这些品质是天生确定的，且无法改变；成长型思维模式的人则认为一切都可以通过努力得以培养和提高，通过实践每个人都可以得到改变和成长（于彩霞，2017）。从 20 世纪 80 年代末至今，越来越多的研究者开始关注思维模式理论，并将其广泛应用于教育、健康、体育和管理等实践领域（李凌艳和耿丽娜，2018）。

身为一个曾经的固定型思维模式者，德韦克（2017）对固定型和成长型思维模式进行了毫不留情的剖析。她认为，仅有专业技能或动力或许能让我们取得暂时的成功，但无法帮助我们尽可能维持成功。而巅峰状态的持续需要一种健康、积极、不断进取的思维模式，一种不推崇智商或成功本身，而将关注点投放在持续不断的努力、不畏挫折的态度上的长期的思考方法。无论是在商界、体坛、婚恋关系还是亲子教养中，这种成长型思维模式都至关重要，它决定了我们面对失败时的复原力，面对挑战时的承受力，面对我们需要为之努力的事业时付出努力的多寡。这种思维模式标志着一种诚实的态度，因为真正的成功从来不是偶然的，偶然得来的成功并不可靠。

为什么学生工作有必要进行成长型思维培养呢？笔者认为一方面是基于有相当部分学生群体属于固定型思维，另一方面主要是基于学生成长的现实需要。根据一项调查，北京、上海、江苏和浙江四省份的年龄在 15 岁左右的中学生中，约有 55.6%的学生表现出成长型思维，相较于经合组织国家平均水平明显低 7 个百分点（陈纯槿，2022），这些是高校学生工作面临学生群体的基本盘。同时，笔者在工作实践中，经常碰到这样一种现象，比如选拔参加学科竞赛，一些学业成绩不是特别理想的同学往往参加比例不高，当和他们面谈时，往往得到“我们成绩不突出，我们不行的”这样类似的回复；又比如在学生考研深造这件事情上也会得到类似的反馈，把自己过往某一项的不足或者短板无限放大，变成对未来发展的一种负担，这是属于比较典型的固定型思维模式。又比如学生的一些挫折引发心理波动，进而引发心理问题的也不在少数，把某一次的失败作为否定自己的能力和潜力的全部，认为自身就不是某方面的料，没有这方面的天赋，进而放弃自己的努力，自我放弃……甚至发生有些走向不珍惜自己生命的个案，如 2020 年 6 月在各大媒体疯传的一则新闻“大学生补考作弊被抓后不幸坠楼身亡”，一名大二学生在补考过程中被发现作弊，不久便坠楼身亡。类似事件频发引起大众对大学生群体的关注，有人认为其根源在于学校教师对学生缺乏必要的疏导，有人认为是家长对孩子缺乏关爱；同时，也有人关注到了大学生心理承受能力、心理韧性等心理层面的原因，但人们往往会忽视大学生的“成长型思维”（张学敏和林宇翔，2022）。因此，从学生的成长发展来看，培养学生成长型思维这件事情真是任重道远。

如何培养学生成长型思维？

第一方面是学生工作者自身要加强学习。学生工作者自身理念和日常行为对学生培养起着不可低估的作用，因此学生工作者自身首先要加强学习，熟悉掌握成长型思维理论和要义。德韦克在其著作《终身成长》一书中写道：“我们当中有些人从很小时候就被训练成这种思维模式。我小时候就非常关注自己是不是足够聪明，但真正将这种固定型思维模式印入我大脑的，是我六年级的老师威尔斯女士。和阿尔弗雷德·比奈不一样，威尔斯女士认为，智商决定了人们的一切。我们按照智商从高到低被安排在教室里的座位，只有智商高的同学才能举旗、拍黑板擦或者给校长写报告。她除了每天用她那种批判的态度让我们感到紧张之外，还建立了一种思维模式，在这种思维模式中，全班同学都有一个强烈的目标，就是要让自己显得聪明而不是愚蠢。在每次考试或者在课堂上被叫起来回答问题时，我们整个人都可以说是处在成败的紧要关头，谁还会在乎和享受学习的内容呢?”德韦克以自己的亲身经历告诉我们教师在学生成长型思维塑造过程中的影响，教师的理念深刻地影响着学生的发展。威尔斯女士的做法在我们学生工作当中有没有，笔者觉得如她这样比较绝对的做法可能不一定有，但有时还是有意无意用固定型思维方式在思考和安排一些工作。

比如在分派一些活动任务的时候，往往会选一些成绩好的同学当负责人，在某个场合要代表学生发言的时候，也会想到要成绩优秀的同学来担当。笔者认为学生工作者熟悉掌握了成长型思维理论，理解其价值后，在学生成长型思维培养方面才有底气，不至于南辕北辙。

第二方面要营造校园成长型思维模式培养的良好氛围，让成长型思维的理念时刻围绕在学生身边。笔者曾经在参观一所小学时，看到他们在学生教室的入口处贴满了富有儿童特色的成长型思维提示语，潜移默化培养学生的成长型思维。美国学校为了培养学生的成长型思维，在校园里有“仪式感”地张贴出宣传板，其内容是从九个方面培养学生成长型思维的九句话，应用的理念是换个说法，就会引导学生换个做法，换套思维模式。具体九个方面是：①理解，换个说法——“我就是不懂”换成“我忽略了什么吗”；②放弃，换个说法——“我放弃了”换成“我得试试我学过的（别的）方法”；③错误，换个说法——“我犯错误了”换成“犯错能让我变得更好”；④困难，换个说法——“这太难了”换成“我可能需要更多的时间和精力（才能搞定）”；⑤聪明，换个说法——“我不可能像她一样聪明”换成“她是怎么做的，我也要试试看”；⑥能力，换个说法——“我不擅长这个”换成“我正在提高”；⑦完美，换个说法——“我不能做得更好了”换成“我还能做得更好，我要继续试试”；⑧足够，换个说法——“已经挺好的了”换成“这真的是我的最好成绩吗?”；⑨否定，换个说法——“我阅读不太好”换成“我要训练我的阅读能力”。引导学生换个说法、换个思维，用正面的、积极的语言来影响自己的思维方式，播种行为，收获习惯，潜移默化地培养学生的成长型思维。笔者认为这些好的经验和做法给学生工作提供了很好的借鉴，应充分利用好教室、学生寝室、食堂等学生出现频率高且所处时间相对久的场所进行系统谋划设计，用动漫、提示语等多种形式宣传展示成长型思维，使其融入学生学习生活各个方面，潜移默化发展学生成长型思维。

第三个方面是积极组织相关学习研讨活动，提升学生自我发展成长型思维的能力。德韦克（2017）在其著作《终身成长》一书中详细介绍了通往成长型思维模式的旅程，共分四个步骤。第一步是接受，就是拥抱自己的固定型思维模式，接受每个人都有一部分固定型思维模式的事实，每个人的思维模式都是成长型和固定型的混合物，这没有什么可羞愧的。第二步是观察，就是要明确是什么激发了自己的固定型思维模式，这个固定型思维模式的人格会在什么时候回来？是面对一个巨大的新挑战？是失败？是任务的截止日期？还是他人的反对？第三步是命名，就是给固定型思维人格起个名字。了解当固定型思维模式人格被激发后会发生些什么。这个人格是谁？他的名字是什么？他是如何让我们思考、感受和采取行动的？这又会给身边的人带来怎样的影响？第四步是教育，教育这个被命名的固定型思维人格，让他和自己一起走过走向成长型思维模式的旅程。这个步骤中，德韦克详细地谈到“要记着，你的固定型思维模式人格本来是为了保护你、让你感到安全才存在的。但他却没能找到什么方法去做到这一点。所以用成长型思维模式的新方法去教育他，他就可以帮助和支持你：让他接受挑战，不要放弃，在受挫折后卷土重来，并帮助和支持他人成长。你要理解固定型思维模式人格的观点，但也要慢慢地去教他用不同的方法去想问题，带他一起踏上你通往成长型思维模式的旅程”。最后，德韦克强调，为了让成长型思维开花结果，还需要设立目标——成长型目标。介绍完通往成长型思维模式的旅程后，我们发现改变思维模式、培养成长型思维是有科学方法的，这就需要加强学习，通过组织相关的讲座、研讨、成长分享等活动帮助学生了解成长型思维、掌握发展成长型思维的科学方法，积极实践，使学生成为一个更积极、更有勇气、更加开明的人。

第二节　学生成长内驱力提升

一、高等教育更加强调学生自主性

高等教育与学生以往的中学教育、小学教育有着很大区别，有教学方式的不同、有学生组织管理方式的不同、有评价方式的不同……在众多的不同中，有一个共同点，那就是更加强调学生的自主性。

一是在学业方面，强调学生在老师指导下，发挥自身能动性进行自主学习、自主思考和探索。大学老师一般不会再像高中阶段那样布置相当数量的习题、作业，不会再进行“上门”式的辅导，不会再进行相当数量的考试测验以及在一个知识点或者一道题目上进行反复的讲解。有些同学学习自主性强，主动向老师请教或者参与老师的科研项目，那他就能在老师的指导下以及与老师相互交流过程中，有更多的学习、思考和实践机会，学业上也能获得更大的长进，反之有些同学得过且过，满足于及格，那久而久之，两者的差距完全可以想象。

二是在生活方面，更加强调自律性，家长很难再进行全程的监管。比如在玩网络游戏这件事情上，中学阶段家里有家长可以全程监督，在学校因学业安排紧凑没有时间，再加上有老师的严格监管，玩游戏的时间空间被大大压缩。然而，到了大学，脱离了家长的视线，空余时间也变得多了，老师也不可能全程盯着某个学生，这样玩游戏的时间空间一下子变得充裕和广阔了。如果在这个问题上有自律、有节制那是另说，如果自律性不强，变得沉迷游戏，生活在游戏的世界里，忘记了自己作为一名学生的基本职责和使命，那就是一个大问题了。一些学生沉迷网络游戏不能自拔，进而影响学业，甚至被退学的例子在高校时有发生，这实在是令人痛心！学生不仅自己的成长发展受到影响，还给家庭蒙上阴影。

三是在未来发展目标定位方面，需要更多自主探索。在高中阶段，学生目标很明确，那就是通过高考上大学，如果说这其中有什么不同之处，那就是由于各自能力不同，有些想上重点大学，有些则希望通过努力能进本科院校，或者说有些希望进入理想的专业。到了大学，这个目标实现了，接下来怎么规划，怎么发展，往哪里走，路径是什么，这些问题对于大多数学生来说是一个绕不开的问题。学生迷茫，很多家长也迷茫。有些家长会给自己孩子相对明确的发展方向，但始终还是要转化为学生自身的意愿，如果是被动式的强加的，最后学生努力的动力就会显得不足。有些学生高考填报专业时，家长从自身经历和阅历出发，在没有与孩子充分沟通的情况下，代替孩子选择专业方向，最后学生进入了专业学习阶段，发现自己并不适合这个专业学习，进而产生厌学甚至退学，这种现象时有发生。当然也不可否认，有些学生通过努力，适应了专业学习的也不在少数。这里想表达的是，对于未来发展目标问题，它不是一个简单的问题，也容不得忽视，在确立目标的过程中，老师能给予指导，家长有阅历供参考，但始终无法替代学生本人的选择，这需要学生自主探索。

二、大学生成长内驱力不足

高中生经历高考成为一名大学生，虽然说不是经历万人挤独木桥的那种激烈场面，但回望其学习成长历程，也实属辛苦不易，他们从小承担了太多的期望，背负了太多的成长包袱。小学阶段为了进入好的初中要面对种类繁多的作业和各种素质提升培训，初中阶段面临能否进入普通高中或者重点高中的考验，高中阶段则进入了全面的战斗阶段，更是起早贪黑，埋头苦读。考上大学之前，有动力，目标明确。到了大学，终于可以歇口气，放松放松了。持有这种心态的大学生不在少数。对于学生进入大学后开始放松的现象，从一定程度上讲也是可以理解的，毕竟经历了日复一日、年复一年的高强度学习，但关键是这种状态的调整不应太长，理想的状态是应该在高考后进入大学之前要调整到位。但在实际工作中，发现有些学生这种状态的调整在进入大学之前并未完成。一些学生由于目标未定、价值观偏差、奋斗精神松懈等原因，表现出了一些与大学生成长不相称的现象。如有的对学业要求不高，追求及格就万事大吉，对于一些探究性的学习项目习惯于浮在表面，缺少自主思考；有的沉迷游戏、追剧；有的对校园文化活动、社会实践等参与积极性不高；有的上课人到心不到，课堂不在状态等。

有学者指出进入高等教育普及化阶段以来，内源性学习动力不足已然成为我国高校面临的一个较为普遍和严峻的问题（彭静雯和刘疏影，2022）。有学者选取杭州市在校大学生作为样本，调查大学生行为内驱力现状、影响因素以及影响机制，结果表明该市在校大学生的学习内驱力不足，具体表现为：缺乏学习规划；沉迷网络和游戏；挂科、重修现象频发，在问卷调查的 798 份问卷中，鲜有学生有完整的贯穿整个大学四年学习生涯的学习计划，大部分的学生根本没有意识到需要去制定这个学习计划。该部分的学生对于学习的认识还是停留在高中时期由老师来主导的学习节奏，认为只要按照学校的课程表上完课就是他们的学习计划（张夸夸等，2020）。林炼琦（2013）研究表明，江西本科院校在校大学生内驱力整体水平处于中等，不论在学习、参与社团活动还是兼职创业方面，都存在兴趣不浓郁，目标不明确，认知不准确的问题。2019 年中国大学生学习与发展追踪研究（CCSS）的全国性调查数据显示：大学生以追求学习兴趣、自我提升和使命担当为主的自我生发型动机低于同伴比较、长辈期待和落实就业这三类社会规范性动机。《中国本科教与学调查（CCTL）》课题的数据也显示，大学生课外学习时间相对较少，课外学习时间与课堂学习时间的比例（0.72∶1）较低，自主学习意识不强。

近年来，“佛系”“躺平”等现象在大学生中较为普遍。徐美华和刘轩（2022）基于 16 所高校 700 余名大学生的调查发现，约占所调查学生总体一半的学生“标榜”自己是“佛系青年”，并且在“佛系”特征上的得分也确实显著高于非“佛系”学生，这说明“佛系”心态并非原先认知的极少数现象和校园的非主流文化，追求和标榜“佛系”在大学校园有蔓延之势，并获得了不少学生的认同。产生学生“佛系”的现象有着多方面的原因，如价值观迷茫、心理预期落差等，但内驱力不足、成长动力不够也是重要的一个方面。彭均等（2023）调查发现，85.32%的本科新生对“进入大学之后，终于可以松口气，好好享受生活，放松自我”表示比较认同；73.55%的同学认为“可以做自己的事情，尽情享受生活，心情舒坦”。在 2022 年 4 月 21 日国新办举行的《新时代的中国青年》白皮书新闻发布会上，共青团中央书记处第一书记表示，真正“躺平”的是极少数，不懈奋斗的是大多数，同时也强调“有少部分的青少年长期陷于负面情绪，时间长了就变成‘茧房’里的人。受各种原因的影响，缺少奋斗精神和家庭责任、社会责任意识，有的逃避现实。这些都是不现实的，也需要全社会创造好的环境去加强引导。”①

大学生成长内驱力直接影响大学生的成长成才，关系高校人才培养成效，关乎国家发展和民族振兴。因此，对于部分学生成长内驱力不足的现象，高校学生工作者应予以高度的关注，既要关注共性问题，也要分析每个个体的具体情况，采取针对性的措施，帮助学生提升成长内驱力。

---

① 共青团中央：“躺平”“佛系”多是一种缓释压力的调侃［EB/OL］.（2022-04-21）［2023-01-26］. https：//m. gmw. cn/baijia/2022-04/21/35677120. html.

三、提升学生成长内驱力的途径

讨论关于提升学生成长内驱力的途径这个问题，首先来了解什么是内驱力。刘疏影（2022）分析梳理了“内驱力”一词的由来，认为内驱力是由内部的生物性需要所激发或由外部环境中的刺激所唤起，使个体为实现某一目标而行动。彭静雯和刘疏影（2022）认为关于学习内驱力的具体构成要素，存在着两种代表性观点：一种认为本能是其产生的最直接和最重要的来源；另一种观点则倾向于将个体在认知方式上的差异作为内驱力产生的重要来源。“本能”向度的阐释为遗传决定的行为模式；“认知”向度的阐释为自我实现的价值感与自主控制感，其主要来源于两个方面，分别是人实现自身潜能的成长倾向和个体在学习上的自主控制感，也就是学习中的主动权。笔者在学生工作过程中，始终在思考和寻找一种能持续有效激发学生成长的动力源，而且这个动力是发自其内心的，既符合其本性又融于对社会发展的正确认知，在工作过程中又能用一个简短鲜明且能引起共鸣的词汇进行表达，以此来激发成长动力，提升成长内驱力，促进学生成长成才。经过长时间的思考，笔者认为帮助学生确立这样一种观念，即“使人生变得幸福”，值得在提升学生成长内驱力的工作中进行探索。

首先，幸福是每个人的本能需求，是人生的终极追求，在观念认同上更容易与学生达成高度一致。

亚里士多德说：“幸福是终极的和自足的，它是行为的目的。”费尔巴哈指出：“一切的追求，至少一切健全的追求都是对于幸福的追求。”英国著名思想家密尔说：“我们得出的结论是，除了幸福，事实上不存在其他任何被渴望的东西。无论何种事物被作为实现某种更高目的（最终幸福）的手段而受到渴望，都是因为它本身被视为幸福的一部分而受到渴望，并且只有在它确定变成幸福的一部分之后它本身才会被渴望。”教育引导学生，最基础的工作就是学生工作者的想法要能得到学生的认同，甚至是共鸣，真正从内心深处接纳，内化于心。试想下，学生工作者的观念或者想法，学生在心理上都不认同，甚至排斥，那么能落实到行动上的又有多少，其效果必将打折扣，甚至无效，不起作用。关于使人生变得幸福这个问题，笔者认为没有人在认同上会有障碍。

其次，追求幸福是国家和社会的共识和行动，这为强化学生的内驱力建设提供了强大的支持。2012 年 11 月 15 日，习近平总书记在十八届中共中央政治局常委同中外记者见面时庄严宣示："人民对美好生活的向往，就是我们的奋斗目标。"之后，习近平总书记又在多个场合强调幸福问题，如"实现全面建成小康社会、建成富强民主文明和谐的社会主义现代化国家的奋斗目标，实现中华民族伟大复兴的中国梦，就是要实现国家富强、民族振兴、人民幸福，既深深体现了今天中国人的理想，也深深反映了我们先人们不懈追求进步的光荣传统""中国共产党人的初心和使命，就是为中国人民谋幸福，为中华民族谋复兴""人民幸福生活是最大的人权""在发展中使广大人民群众的获得感、幸福感、安全感更加充实、更有保障、更可持续"……幸福是我们的追求，也是我们价值的实现方式，当前全社会都在为人民幸福而不懈奋斗，这无疑为引导学生确立使人生变得更加幸福的观念和目标提供了良好的氛围和条件。

最后，引导学生思考幸福是对学生现实问题的直面回应。在与学生交流过程中，问什么是幸福？大部分学生的回答基本上是有足够的钱、无压力、有车子房子等，这些回答应该也没问题，是幸福的一个部分。但幸福不能仅止于此，幸福既来源于物质的满足，也来源于精神的充盈。当前，学生心理问题比例不低，有些学生因为一时受挫感到人生灰暗，还有一定比例的学生感到非常痛苦，这些问题的形成从客观上分析有多方面的原因，但主观层面与如何正确理解什么是幸福也有一定的联系。引导学生直面幸福问题，本身就意味着帮助学生正确理解什么是幸福、如何实现幸福。当学生正确理解了幸福的真谛，很多的不快、失意也将烟消云散。

如何引导学生确立正确的幸福观？

徐晓宁（2017）认为新时代大学生幸福观教育有着三个维度，在国家层面要关注民生幸福，在社会层面要重视人民对美好生活的需求，在个体层面要引领大学生追求自由幸福的人生境界。其进一步阐述了新时代大学生幸福观教育的新原则，一是坚持回归生活本身原则，阐释生命意义，引导学生重新认知幸福；二是坚持可接受原则，通过意识观念的有效激活，引导学生亲身体验幸福；三是坚持主体意识原则，强化社会责任担当，引导学生积极创造幸福。陈根法认为幸福源于健全的人格，健全的人格意味着具有完整的本我、自我和超我三部分。学者专家的观点对培养学生树立正确的幸福观有着积极的借鉴作用。笔者在这里就如何保持个人幸福的能力作一探讨。针对学生内驱力不足的问题，有必要引导学生思考如何保持个人持续幸福的能力这个问题。一方面持续幸福这个问题可以把幸福的问题从时间维度上拉长，引导学生从终生的角度思考规划自身的幸福，如此，学生将不再过度纠结于一时的得失，一时的痛苦；另一方面应引导学生树立这样一种观念，即唯有提升自身价值，使自己变得对国家对社会更有价值才是保持幸福最可靠的保障，激励学生始终保持奋斗者的姿态，在实现社会价值的同时实现自身价值。

第三节　校园文化建设

文化是一个国家、一个民族宝贵的财富，越来越成为民族凝聚力和创造力的重要源泉、越来越成为综合国力竞争的重要因素、越来越成为经济社会发展的重要支撑。党的二十大报告指出："全面建设社会主义现代化国家，必须坚持中国特色社会主义文化发展道路，增强文化自信，围绕举旗帜、聚民心、育新人、兴文化、展形象建设社会主义文化强国，发展面向现代化、面向世界、面向未来的，民族的科学的大众的社会主义文化，激发全民族文化创新创造活力，增强实现中华民族伟大复兴的精神力量。"

高校校园文化是一种社会文化的亚文化，是高校在长期办学过程中所形成的独特的文化氛围和精神环境，它透射出的独特感染力和强大凝聚力潜移默化地影响和感召广大师生，它是培养全面发展的高素质创新人才的重要资源和平台。中国高校经历了跨越式发展后，已从外延式扩张转向内涵式发展，更加注重质的提升，更加注重文化软实力的提升。在内涵式发展过程中，寻求文化对高校进一步发展的支撑作用显得更加迫切，对校园文化建设的要求也越来越回归文化的本质和内核。

一、校园文化建设存在的不足

2004 年，《教育部 共青团中央关于进一步加强高等学校校园文化建设的建议》发布，随之高等学校的校园文化建设日益活跃，成果丰硕。在取得成绩的同时，高校校园文化建设也存在一些不足，主要包括：高校物质文化、制度文化、精神文化、行为文化“四位一体”、同向发力的建设格局还有待深入推进；广大教师参与性相对不足；校园文化建设的持续性还不够等。具体在高校校园文化活动中存在三方面的问题：

一是活动的连贯性欠缺，深入性不够。校园文化活动对学生的影响是潜移默化的，追求的是一种如春风化雨般的润物细无声的效果和境界，强调的是一种自觉的认同和体悟。这种潜移默化以及自觉的认同和体悟往往不是一蹴而就的，需要活动客体与学生主体之间进行比较长时间的相互作用，才能对学生主体发生作用，就如同平时腌制泡菜一样，从新鲜蔬菜到可以食用的泡菜需要一个过程。因此，开展校园文化活动要注重连贯性和持久性，将校园文化活动主题通过系列活动等多种形式深入学生中；讲究活动的整体性、持续性和深入性，避免头重脚轻，或者说只有开始没有结果。目前，校园文化活动的连贯性欠缺、深入性不够的现象在一些高校都有不同程度的表现。如举办某个活动，开幕式闭幕式轰轰烈烈，中间活动无人关注，冷冷清清，就像一阵风飘过就过去了。黄顺年等对在校生进行了高校校园文化活动问卷调查，其中关于校园文化活动效果的调查显示，有27.7%的学生认为“有收获”，6.3%的学生认为“收获很大”，38.9%的学生认为“收获不大”，12.6%的学生觉得“没有收获”。这也从另外一个方面反映了活动的深入性还有待加强，同时也表明学生工作的空间还很广。

二是个性化活动开展不足，学生参与面不广。高等教育普及化带来的学生多元化，以及中国特殊的社会家庭结构带来的独生子女等问题是开展校园文化活动面临的新背景。相对而言，当代大学生普遍呈现三个方面的特点，即更有思想且思维呈多样化、更加活跃且对成长充满渴望、更具好奇心且对传统敢于挑战。换句话说，当代大学生更具个性化以及更追求个性的张扬。因此，如何促进学生个性发展是目前高等教育管理者需要思考和回应的一个重要课题。应该说，校园文化活动是培养学生个性发展的一个重要渠道。然而，目前高校校园文化活动在面上的工作做得比较多，但是点上的活动即个性化活动的开展明显不足。学生参与活动的积极性不高，参与面不广是个不争的事实。在实际工作中，学生参加校园文化活动有些时候是为了完成学院、学校的任务，其本身参与活动的意愿不高，这种结果与举办活动的初衷明显背离。当问及为什么不愿参加活动时，学生的回答大多是“跟自己无关”。学生的这种反应，一方面有其本身主观认识不足的原因；另一方面，不可否认，举办的活动在贴近学生、吸引学生方面做得不够，活动与学生个性培养的结合还存在不足。

三是片面追求活动声势，喜好大场面。当前，高校对校园文化活动普遍比较重视，在政策和财力等方面给予了保障。在具体的落实过程中，一般都将校园文化活动的开展情况作为评价考核单位或部门的依据。这种制度的保障一定程度上激发了开展校园文化活动的积极性。但是，有些组织者往往曲解或扭曲制度的初衷，喜欢搞大场面、追求大声势，将活动的场面大小、领导出席的级别和规模等，作为评判活动成功与否的重要标准。这种做法的目的是让领导有印象，获得肯定。这种做法与高校的价值追求格格不入，使开展校园文化活动的初衷本末倒置，偏离方向，不利于校园文化活动的健康开展，不利于人才培养。

二、校园文化建设特色问题分析

关于高校校园文化建设，笔者认为如何结合学校特点，注重特色问题是值得考虑的，在此以农林类高校为例，探讨引入竹文化的可行性。

（一）大学生对竹文化有较好的认同基础

根据笔者调查，大学生竹文化“基本认知”、“基本情感”、“价值认同”和“践行情况”四个维度的平均得分均在3.5分以上（满分5分），尤其是“价值认同”的得分（3.94分）处于较高水平，表明学生对竹文化认同总体上处于中等以上水平，有较好的认同基础。其中关于竹文化价值认同的调查进一步细化设置了四道问题，分别为“竹子精神激励作用的认同”、“竹文化提升文化自信的认同”、“竹文化是中华宝贵的精神财富的认同”以及“对传承弘扬竹文化的认同”四个方面，得分分别为3.82分、3.76分、4.12分、4.06分，处于较高水平。

（二）竹文化有助于培养文化自信

党的十八大以来，习近平总书记在不同的场合多次提到文化自信这个问题，指出“中国有坚定的道路自信、理论自信、制度自信，其本质是建立在 5 000 多年文明传承基础上的文化自信”，又指出“泱泱中华，历史悠久，文明博大。中华民族在几千年历史中创造和延续的中华优秀传统文化，是中华民族的根和魂”。中华民族的文化自信是有着坚实的基础和深厚的底蕴的，是根植于内心深处和过往积极的经历的，是看得见、感受得到的。在悠久的历史发展进程中，竹文化一方面在生产和生活上满足了人们的需要，另一方面在精神层面熏陶了人们的情操，滋养着精神的家园。竹子的使用确切记载始于仰韶文化，距今约 6 000 年；商代就已知道竹子的多种用途，其中如用作竹简，即把字写在竹片上，再把它们用绳子串在一起就成了“书”，汉字“册”即由此而来；我国早在 9 世纪开始用竹造纸，比欧洲约早 1 000 年。在精神文化领域，竹与梅、兰、菊一直并称“四君子”，是君子的品德象征。因此，竹文化承载着中华民族的文化自信，有着鲜活的、生动的说服力。

（三）竹子精神与农林高校精神相契合

茅盾文学奖得主、著名作家王旭烽在《中国竹文化通论》的序中写道“君子品格，一言以蔽之，‘仁义礼智信，温良恭俭让’而已矣。竹与君子相匹，可谓珠联璧合，天衣无缝也”，又写道“竹的精神品相中，有两点是它物不能够取代的，一是它的‘虚心’，一是它的‘有节’。而无论虚心还是有节，都与儒家文化中的‘礼’字相辅相成”。在中国传统竹文化的语境中，竹象征着君子，竹子品格乃君子品格。从竹子利用的角度看，竹子精神隐喻着利他和奉献的崇高品质。我国是农业大国，农村、农业、农民即“三农”问题关乎国家的现代化建设。农林高校承担着高素质农林人才培养的职责，在“三农”问题上有着独特的担当和作为。因此，长期以来培养服务“三农”、对“三农”有感情的高素质农林行业的“君子”是高等农林院校校园文化的价值追求。因“三农”问题的特殊性，对农林人才培养的过程中要更加注重君子品格和奉献精神的培养。因此，竹子精神与农林高校精神在对于人的塑造和要求的价值取向上来说是高度契合的。

（四）学生接受竹文化的路径

对学生竹文化接受途径的倾向性意愿的调查表明，选择“课堂传授”的为 8.1%，而选择“校园文化活动”和“竹文化景观营造”的合计为 80.5%，说明学生比较倾向于通过竹文化景观营造和校园文化活动来接受竹文化，说明喜闻乐见和潜移默化的形式更易于为学生接受。这就要求在竹文化传承和弘扬过程中须充分重视校园文化氛围营造和文化活动的组织。

（五）竹文化嵌入校园文化建设的路径

在竹文化弘扬过程中，不能因选择的比例低而忽视课堂传授的价值，而应精心选择、科学高效地组织课堂教学。有机整合一二三课堂，发挥各自功能，统筹谋划、科学布局、精心组织，突出强调思想性、教育性、参与性和日常生活的有机融合，使竹文化发挥应有的价值和作用。正如学者张鸿雁提出，文化治理不只单纯地建构宏大理想，更多的是日常生活与日常行为文化价值取向的建构，只有让文化传统内化为日常行为和日常习惯，才能形成社会整体和谐的基石。从校园文化活动组织来看，开展体现生态、绿色等具有农林高校特征的文化活动是一个较为适宜的选择，如竹建造竞赛、竹绘画比赛、竹艺展示、竹子种类辨认等丰富多彩的文化活动。在竹文化的传承过程中，农林高校可统筹学校的环境建设、文化建设、课堂教学、文化活动等进行系统设计，营造浓郁的竹文化氛围。

第四节　学生求助教育

“求助”指人们向他人主动请求帮助、建议或者支持的行为（袁留亮，2016）。当今社会变化日新月异，新理念新知识新技术新方法更新频繁，在这个变化的时代，单单依靠自身掌握的能力、知识解决问题已变得越来越困难。在这个过程中，人们逐渐认识到求助是有效整合资源、高效解决问题的有效途径。

大学阶段是青年学生成长的重要阶段，是学生形成系统的世界观、人生观、价值观的关键时期。青年大学生在这个成长阶段，必然会碰到许多问题，诸如学业问题、情感问题、人际关系问题等。许多的教育管理实践给我们启示，对于学生成长来说，问题本身并不可怕，关键的问题是学生遇到问题时如何正确面对，进而积极予以解决。在问题处理过程中，学生能否进行正确有效的求助是影响问题能否得到及时、有效解决的重要因素。学生因为各种原因不想求助、不会求助的现象不在少数。有些问题依靠学生本身很难解决，这个时候，学生又不愿或不会正确求助，这就陷入了问题解决的困境，进而由此引发学生负面事件，有些甚至对学生成长造成了很大的负面影响。刘枫和王成奎（2007）认为面对处于发展和转变时期的大学生，重要的是如何恰当地鼓励大学生求助行为和减少求助屏障。因此，帮助学生学会正确求助是学生工作应关注的重要内容，也是促进大学生健康成长的重要途径。

笔者认为大学生求助教育，要特别关注大一新生的教育。大一是大学生活全新的开始，这个阶段的学习生活对学生整个大学生涯至关重要。大学新生入学后要完成高中生向大学生的转换，要适应大学的学习方式，适应新的生活环境，而在转换与适应过程中，他们容易在学习、生活、心理等方面出现诸多不适应问题。在转换和转变的过程中，学会求助对于快速适应大学生活，进而为整个大学生涯的学习生活打下良好基础有重要意义。笔者曾以所在学校 2016 级本科新生为研究对象，对新生在大学学习生活过程中遇到的问题及对不同问题的求助方式进行了调查分析，发现三个现象：一是大一新生面临的首要问题是“学习问题”，其次是“人际关系处理问题”和“情感问题”；二是大一新生问题求助方式更多地倾向于“自我解决”和“非专业性求助”，这与已有文献报道的研究结论相一致；三是大一新生在不同问题求助的方式选择上受“性别”、“生源地”、“家庭经济情况”及“学生干部任职”等因素的影响。

对于新生的求助教育，笔者认为可以在三个方面进行发力：

是要特别重视和加强学业适应辅导。大学阶段的学习，在方法、内容、要求等方面与高中阶段的学习有着较大的不同。大一新生一进校就要面临两种学习模式的切换，如何顺利适应大学的学习模式是大一新生大学生活的紧要课题。学习问题没有处理好不仅影响学习问题本身，往往还会引发其他问题。因此，首先，要对大一新生的学习问题给予足够的重视，克服认为学生经过十多年的学习、在大学学习方面没有问题的思想，把大一新生的学习适应、学会学习作为大一阶段特别是大一第一学期重要的基础性工作来对待。其次，要积极构建和实施大一新生学业适应辅导工程。通过明确教学计划、举办围绕提升大一新生学业适应能力的系列专题讲座交流等帮助新生尽快顺利适应大学学习生活。

二是要加强求助的宣传教育，引导学生合理求助。对于大一新生来说，他们思维活跃、积极性高，同时社会经验相对不足，从高中向大学的转换过程中，面临的问题相对较多，在这个过程中学会合理、正确、有效的求助是帮助他们适应大学生活的重要保障。一方面应加强学生求助的宣传教育，帮助学生树立合理求助是一种积极生活方式的意识，澄清对求助的消极、负面理解；另一方面，要加强新生求助技巧、能力的培养，帮助学生学会正确有效的求助。

三是要根据不同的学生特点进行针对性的教育培养。不同人口学特征，如“性别”、“生源地”、“家庭经济情况”及“学生干部任职”等在求助方式选择上存在差异。在大一新生教育培养过程中，应充分关注这些差异，采取更加合理、更加符合不同个体特点的教育方式方法，使学生教育培养更具针对性，更加符合规律，进而提升教育培养工作的有效性，引导和帮助学生更好地成长成才。

第五节 学生婚恋教育

近年来，大学生婚恋教育逐渐引起了社会的关注。2022 年 5 月，“初婚平均年龄普遍推迟 专家建议将婚恋教育纳入中高等院校教育体系”类似的报道出现在不少国内媒体上，引发了广大网友的热议。事件大致起因是随着当时全国多地民政部门陆续公布 2021 年婚姻登记数据，其中有一个现象是初婚平均年龄普遍推迟；据此，有专家表示，年轻人群的婚恋困惑已经成为一个不容忽视的社会问题，中国青少年研究中心青年发展研究所副所长、副研究员张晓冰认为，降低年轻人对婚姻的困惑甚至恐惧心理，要从三个方面着手，其中一方面就是要加强婚恋观教育，将婚恋教育纳入中高等院校教育体系，引导青年人树立理性健康的婚恋观。网友对专家将婚恋教育纳入中高等院校教育体系的观点产生了不同的看法。持不认同意见的一方认为：“要想从根本上改善目前的婚育和生育状况，不能只寄希望于婚恋教育。婚育养教在很大程度上与家庭教养和个人观念有关，学校教育特别是课堂教育能够发挥的作用有限。我们不能把教育当作一个筐，什么都往里装。特别是在当下的互联网时代，作为互联网原住民的年轻人，可以通过社交媒体、短视频、学习平台等多种渠道获取各种形式的丰富知识。”“教育可以在引导人们树立正确的婚恋观方面发挥一定作用，但是不应无限放大其社会效应，更不应为了适应人口政策而开设课程。教育的目的是塑造人们正确的世界观、价值观、人生观，使学生健康快乐地成长，追求自由自主的美好生活。如果把婚恋生育变为一种‘手段’，甚至只顾灌输婚恋生育观念，那么就背离了教育的初衷和本义，也可能会因为急功近利而适得其反。”① 持认同意见的一方认为：“客观来说，此建议是从社会现象出发的一个普通提议，是利于社会发展的。诚然，当代社会提倡婚恋自由，爱被视为一种发自内心的本能情感，不应该对其定义和教学。但开展婚恋教育有利于引导青年人认识到怎样建立纯粹的爱，正确的爱；提高其培育、维持天然之爱的能力，同时也能给社会带来积极的影响。因此，对于婚恋教育的认知不能过于片面化、绝对化，下意识认为其是‘变相催婚’，嘲讽其‘多管闲事’‘浪费资源’。我们不妨多一点思考，正视其积极性。”②

当然，持不认同意见的一方更多的是站在婚恋教育能否促成年轻人适时婚配这个角度考虑问题，认为让年轻人有底气去拥抱婚恋和生育，应诊断、直面、分析和解决年轻人普遍关心的问题，切实从最关切紧迫的问题入手，制定和执行“接地气”的有效政策。

首先我们不去评价双方孰是孰非，单从专家一个观点就能引发如此热议看，就说明了大学生婚恋教育的意义和价值。笔者认为专家张晓冰的观点是有积极意义的，且不说婚恋教育能否在年轻人适时结婚生子这个问题上有所作为，单就婚恋教育对于大学生健康成长本身来说，婚恋教育无疑是必要的、迫切的，而且在日常教育管理中还得加强。实际上，在高等教育业界，对大学生婚恋教育的关注和重视由来已久。20世纪80年代以来，专家学者对大学生的恋爱观问题开展了大量研究，

---

① 马亮．婚恋教育纳入中高等教育？年轻人更需要“接地气”的政策［EB/OL］.（2022-05-24）［2023-01-27］. https：//baijiahao. baidu. com/s? id=1733696414061987967&wfr=spider&for=pc.

② 杜晓涵．“婚恋教育”之争，与其嘲讽不如面对［EB/OL］.（2022-05-21）［2023-01-27］. https：//baijiahao. baidu. com/s? id=1733427297552918436&wfr=spider&for=pc.

特别是从 2006 年开始，专家学者更加侧重于大学生婚恋教育的研究，这可能与国家对在校大学生结婚政策规定转向有关。2005 年《普通高等学校学生管理规定》取消了原规定中“在校学习期间擅自结婚而未办退学手续的学生，作退学处理”的条文。从文献分析来看，对于是否应开展大学生婚恋教育这个问题，大家都是持积极和肯定的态度，讨论的重心不是要不要开展，而是如何开展好的问题。当然，大学生婚恋教育是否纳入课程体系，笔者认为有条件的高校完全可以这样做，通过课程向大学生讲授成体系的婚恋知识，这是比较富有效率的途径。除此之外，举办讲座、沙龙等也是切实可行的办法。

开展大学生婚恋教育，笔者认为主要基于以下三个方面的考虑。

第一，大学教育既是专业教育又是通识教育。大学是培养高级专门人才的地方，每个学生都有自己所学的专业，这是区别高中生、初中生的一个重要方面。大学生通过学习实践掌握所学专业基本知识、基本技能，走向社会展示自己所学，服务社会，当然有些同学可能不一定从事与自己专业相关的工作，但从整个社会来讲，需要各行各业的专业人才，这样社会才会更好更和谐地发展。学好专业是大学对学生的基本要求，专业能力是大学生应该具备的基本能力。同时大学也是培养未来全面发展的人，从这个角度讲，大学教育又是通识教育，应为学生提供全面的教育，促进学生全面发展，为学生走向社会更好地发展创造条件、打好基础。实际上，大学教育对于大多数学生而言是系统接受全日制教育的最后一个阶段。笔者认为，学生能多学则多学，学校能多教则多教，这种教育可以是成系统的课程，也可以是启发式启蒙式的观点导入，就像为学生打开一个领域的窗，使学生通过这扇窗了解新事物新知识，开阔视野，启发思考。当然随着互联网的普及，学习也不是什么难事，但我们不得不承认大学阶段学生有精力学，有氛围学，也容易学。当走上工作岗位后，因时间精力等问题，有些时候想学但可能会面临学不成或者学习碎片化等问题，影响学习成效。从现实角度看，大学生处在谈婚论嫁的阶段，大学生恋爱已是一个普遍的现象，如何帮助学生树立正确的婚恋观，帮助学生正确看待婚恋，健康成长，实际上也是一项“民生问题”了。在生活中，由于缺乏正确的婚恋观，引发学生心理健康问题也屡见不鲜，有些严重的甚至走入极端，这些对教育工作者提出了警醒，婚恋教育迫在眉睫。另外，婚恋教育课程受到学生的普遍欢迎，这从侧面反映了大学生需要婚恋相关知识的正面指导。学生工作者应十分清楚，如果学校放弃正面的主动引导，那么不健康不正确的婚恋观会趁虚而入，危害学生健康成长。

第二，婚恋教育关系学生家庭幸福和社会和谐。婚姻幸福是家庭幸福的基础和源泉，也是和谐社会的基础。家庭是社会的细胞，是社会的基本单元，家庭和谐幸福了，那么整个社会就有了和谐的基础和条件。根据一项关于婚姻家庭幸福感的调查，在影响婚姻幸福感的因素中，收入，婆媳关系，家务工作分配，沟通、理解的意愿和能力，以及孩子这五项入围前五，成为婚姻中的夫妻最在意的因素。而与之相对，在幸福婚姻隐形杀手中，受访者将票投给了冷淡、指责、不再取悦对方、视对方的付出为应当、轻蔑，这五项被认为“后果最严重”（郭玲，2021）。从调查结果中可以得知，幸福的婚姻不仅需要夫妻两个人共同经营，还要正确处理好家庭关系，包括婆媳关系等。在日常生活中，因婆媳关系相处不好，引发家庭矛盾的不在少数，严重的造成夫妻关系破裂，家庭分崩离析。对于类似这样的问题，如果能平心静气地仔细分析梳理，带着一颗相互包容的心相互站在对方的立场上看问题，实际上是可以解决的。但往往因为年轻人在走入婚姻前没有接受过相关的辅导或者教育，对婚姻的理解相对比较单纯，没有思想准备，一旦碰到类似的问题，就会感到不可理解，一时的冲动而爆发“冲突”，造成关系隔阂，进而影响家庭和谐。试想下，长期处在一种紧张对立关系的家庭中，谈何幸福？大学生的生活，总体上是从学校到学校，恋爱相对单纯，爱情相对纯真，这是值得肯定的，但也有些学生谈恋爱带有盲目性、从众性等。学校教育有必要将婚姻中的一些问题和真相提前与大家分享，做些适当的引导，以免步入婚姻后对一些问题无所适从，手足无措。比如，婚姻是两个人的事吗？婚姻是两个家庭的结合吗？……对这些问题的探讨有助于学生了解婚姻的真实面貌，更好地处理婚姻中碰到的问题，从而构建和谐幸福的家庭。

第三，婚恋教育有利于优生优育。优生优育直接关系人口素质和质量。平时大多数人脑子里对于优生优育的概念主要认为是备孕期间要注意各种营养、情绪、作息规律等。实际上，能否达成优生优育的目标从谈婚论嫁甚至刚恋爱时就开始启动“程序”了。曾仕强和刘君政（2019）在《家教》一书中谈到“年轻人在婚前谈情说爱，以为人生就是情爱和性事，双方在这些方面有共识，彼此欣赏、爱慕，一声‘来电了’，便认为情投意合，于是走上红毯。而对于怎样和家人相处、怎样生男育女、怎样分工合作，根本不加思考。这就难怪婚后会经常手忙脚乱，不知如何是好”。大学生如果在学校没有接受过婚恋方面的教育和引导，笔者认为情况跟曾先生讲的情形大差不差，对于爱情的美好会想得多些，而对于婚姻生活的现实问题会想得少些。试想下，夫妻双方在很多问题上还没有充分的思想准备，优生优育如何保证？曾仕强先生指出婚姻基础影响亲子关系，他举了个例子说道：“在子女诞生之前，夫妻便为要不要生育、该不该现在生育甚至要不要想办法拿掉胎儿而争吵不休。在这种情况下，请问胎教如何进行？母子的健康怎么可能良好？子女诞生之后，由于缺乏经验，怎么教养得宜?”因此，有必要通过大学生婚恋教育帮助学生明白婚姻不仅要考虑双方情投意合、相互吸引，还需要双方观念的契合或者包容以及双方家庭关系的融合与协调。不然，优生优育可能更多地体现在形式上。因此，曾仕强先生建议夫妻婚前最好能冷静地认识到，两人生长在不同的家庭中，各有不一样的观念和背景，今后要共同生活，必须将双方的观念拿出来对比一下，譬如商量协调家庭、亲子、教养方面的意见，以求在求同存异中建立一些共识，这对于亲子关系，必然有良好的作用。

第六节　学生劳动教育

近年来，关于高校劳动教育的研究逐渐成为研究的热点，在《中国知网》以篇名“高校”并且“劳动教育”进行搜索，发现文献数量从2018年的4篇急剧上升到2022年的357篇，其中2019年、2020年、2021年分别为39篇、156篇和301篇。2020年3月《中共中央 国务院关于全面加强新时代大中小学劳动教育的意见》（简称《意见》）颁发，这是新中国成立以来，国家最高层面首次对大中小学劳动教育进行顶层设计和系统部署，充分体现了党和政府对大中小学劳动教育的高度重视，是深入贯彻习近平新时代中国特色社会主义思想，落实党的十九大和十九届二中、三中、四中全会精神以及全国教育大会精神，构建德智体美劳全面发展教育体系的重大举措，为做好新时代劳动教育提供了根本遵循。《意见》开宗明义，指出“劳动教育是中国特色社会主义教育制度的重要内容，直接决定社会主义建设者和接班人的劳动精神面貌、劳动价值取向和劳动技能水平”，充分说明了劳动教育的重大意义，从根本上确立了劳动教育在我国国民教育体系中的重要地位，确立了劳动教育在全面发展教育中的特殊地位。《意见》指出“把劳动教育纳入人才培养全过程，贯通大中小学各学段，贯穿家庭、学校、社会各方面，与德育、智育、体育、美育相融合，紧密结合经济社会发展变化和学生生活实际，积极探索具有中国特色的劳动教育模式，创新体制机制，注重教育实效，实现知行合一，促进学生形成正确的世界观、人生观、价值观”，同时对高等学校劳动教育内容做了明确，指出“高等学校要注重围绕创新创业，结合学科和专业积极开展实习实训、专业服务、社会实践、勤工助学等，重视新知识、新技术、新工艺、新方法应用，创造性地解决实际问题，使学生增强诚实劳动意识，积累职业经验，提升就业创业能力，树立正确择业观，具有到艰苦地区和行业工作的奋斗精神，懂得空谈误国、实干兴邦的深刻道理；注重培育公共服务意识，使学生具有面对重大疫情、灾害等危机主动作为的奉献精神”。作为《意见》的配套文件，教育部于 2020 年 7 月印发了《大中小学劳动教育指导纲要（试行）》（简称《纲要》），重点针对劳动教育是什么、教什么、怎么教等问题，细化有关要求，加强专业指导。如对普通高等学校劳动教育的主要内容等进行了细化和具体化，指出“强化马克思主义劳动观教育，注重围绕创新创业，结合学科专业开展生产劳动和服务性劳动，积累职业经验，培育创造性劳动能力和诚实守信的合法劳动意识”。《意见》和《纲要》从国家层面对抓好大中小学劳动教育进行了顶层设计，系统回答了为什么抓、抓什么、怎样抓等重大问题，必将全面推进新时代劳动教育取得新成效。

因此，当前对于大学生劳动教育这项工作不是讨论要不要抓的选择题，而是一个要思考怎么样抓好、抓出成效的必答题，这是一个具体的实践问题。高校学生工作可以从以下几个方面着手。

一是要加强思想引导，使广大学生充分认识劳动教育的重大意义。思想是行动的先导，只有主体对事物有正确的认知，行动才会积极并富有成效。当代大学生的成长经历，使得引导学生思考、认识、理解劳动教育的价值和意义变得迫切而且必要。从一定意义上讲，劳动教育之于当代大学生成长在一定程度上是缺失的。正如蒲苗（2021）在其论文中写道“从家长、学校、社会都认识到知识改变命运，也造成了家庭把所有的时间、精力用于培养大学生，学校集全校之力培养名校生，社会集地区之力招揽一流人才的现象，为此家长分担学生的‘生活负担’，学校压缩学生的‘业余生活’，社会给予读书人才极大的需求与肯定。学生也就理所当然地放弃了日常生活的必要时间，转而投入书本世界。这种异化的学习，片面的学习，犹如燃尽所有的资源去塑造一批形同的‘苏格拉底’的智者，满心欢喜地付出，却与人才的培养方向背道相驰。与此同时，学生自小受到‘万般皆下品，唯有读书高’‘不好好读书，你就去打工’‘你现在的任务就是好好学习’等轻视体力劳动和拒绝学生参与其他活动的观点影响，造就了一批‘不识五谷，只读圣贤’的‘读书人’。活在学校，活在书本，从源头上断绝了与劳动接触的机会，从环境上营造了不用劳动的氛围，这种社会现象导致青少年养成了不愿劳动、不会劳动、不爱劳动的习惯，劳动的意义也被忽视”；其相关调查也表明，大学生有正确的劳动价值观和劳动品质，但是劳动习惯和劳动技能较差，最缺乏的是劳动意识。因此，在开展劳动教育时，首先面对和正视当代大学生的成长经历带来的劳动素养相对欠缺的一些问题，充分运用正面教育、引导学生反思等方式方法帮助学生树立积极的劳动意识；引导其充分认识劳动之于个人和社会发展具有不可或缺的重要价值，关系个人的终身发展、社会的和谐安定、家庭的幸福和谐以及人类的进步发展。这是必须补齐的一门功课。

二是要从学生寝室抓起，使寝室成为劳动教育的重要阵地。俗话讲一屋不扫，何以扫天下。试想一下，如果学生连自己的寝室都没打理好，不能使自己居住的环境保持整洁的状态，安排再多的劳动教育其成效会如何？可能有时候我们连教育的信心都要打折扣。寝室是学生学习生活和成长的重要场所，也是教育的重要阵地。如果说，经过劳动教育的开展，一个学生寝室能持续保持环境整洁，做到窗明几净，那么开展的劳动教育是成功的，反之，学生寝室脏乱差，“走不进”“待不住”，那要说劳动教育是有效的就很难有说服力。寝室之中的劳动，学生感受最直接，寝室成员的反馈也最及时，于学生的成长也有利，学生工作者没有理由不抓好寝室这个劳动教育阵地。要将寝室作为一个学生工作的基本单元进行管理，将寝室长选拔培养、寝室评价与学生激励考核等方面进行系统设计和安排，使学生寝室真正成为劳动教育的主阵地。

三是要结合学科专业，打造具有辨识度的劳动教育校园文化品牌。近年来，各方面对劳动教育的认识逐步深化，措施不断完善，劳动教育取得了显著成效，但仍存在打卡式、观光式劳动教育等问题，弱化了劳动教育的功能和价值，降低了劳动教育的育人效果①。

为什么劳动教育会发生打卡式、观光式的现象，究其原因主要有两个方面：一方面是在思想意识层面还未真正认识劳动教育的意义和价值，处于应付状态；另一方面还是在实践层面缺少系统设计，未找到有效的载体和途径，以至于今天临时想到什么就搞什么，缺少工作的持续性。从高校学生工作层面看，劳动教育要紧密结合专业教育进行，做到劳动教育与专业教育相互融合，使劳动教育成为学生专业教育的有效延伸，通过劳动教育激发学生专业学习的热情和激情，达到两者互促共融。要根据专业特色，打造具有专业辨识度的劳动教育校园文化品牌，有品牌意味着有特色有影响可持续深耕。如此既可避免劳动教育的空化、虚化、形式化，又使专业教育在劳动教育中不断深化。比如笔者学校一学院根据人居环境类专业的特点，探索打造建造节，举办系列建造类的校园文化活动，让学生自己设计自己动手，在建造过程中运用专业能力打造自己理想的居住环境场景；又如笔者所在学校每年举行师生丰收节活动，通过体验农事劳动等培养学生对劳动的情感，强化耕读教育、劳动育人，在实践中取得了很好的反响。

① 吴安春．聚焦劳动素养 破解劳动教育难题［EB/OL］．（2022-05-31）［2023-01-28］．https：//m. gmw. cn/baijia/2022-05/31/35776535. html.

学校师生丰收节活动

（来源：浙江农林大学网站）

志农

学校农作园

四是要发挥社会实践的作用，为学生劳动教育搭建平台。大学生社会实践是高校一项重要工作，是学生教育管理的重要组成部分，旨在帮助学生走进社会，了解社会，在实践中长知识，增才干。学生在社会实践期间具有时间集中、精力集中的优势，有利于学生体验劳动、感悟劳动，有利于劳动素养的培养。高校学生工作应充分利用社会实践这个载体主动设计，精心谋划，将劳动教育的理念精神内涵和具体要求融入社会实践的各个方面。比如积极对接行业单位，为学生提供更多的实习岗位，使学生能参与到生产实践活动中去。又比如积极组织学生社会实践志愿服务队，利用专业所长服务社会。笔者所在学校一个学院，多年来组织学生利用园林设计专长，积极开展免费庭院设计、美丽乡村设计，在志愿服务中培养了劳动素养，锻炼了能力，增加了才干，取得了良好效果。2019 年，浙江在线以《浙农林大 50 多名师生为农户免费设计庭院》为题报道了学校师生为农户开展免费设计庭院的情况①。

---

① 浙农林大 50 多名师生为农户免费设计庭院［EB/OL］.（2019-08-20）［2023-01-29］. https：//zj. zjol. com. cn/news. html? id=1270400.

浙农林大50多名师生为农户免费设计庭院

浙江日报
2019-08-21 09:05 | 浙江日报官方账号
关注

“一笔一划绘蓝图，一砖一瓦妙成景”。近日，浙江农林大学园林学院赴宁海县胡陈乡梅山村驻村设计团队的师生，收到了当地干部群众送来的锦旗。原来，今年暑假，浙江农林大学园林学院王安等6名师生，为梅山村的村容村貌和部分农家庭院进行了免费设计和施工，让全村面貌焕然一新，村民们送来锦旗表达感谢之情。

今年暑假，浙江农林大学园林学院的园林、建筑学、旅游管理、城乡规划等专业的14位教师和37位研究生、本科生，组成了6支园林艺术设计团队，应邀前往浙江省宁海县强蛟镇、长街镇、胡陈乡、深甽镇、西店镇、黄坛镇等6个乡镇的定点农村，驻村为当地村容村貌、乡间道路以及农民庭院进行规划设计和施工。经过一个多月的努力，师生们结对服务的乡镇农村环境更美丽了、村道更整洁了、传统村落文化的呈现更丰富了……

第七节　学生廉洁教育

国际上将制度预防和教育预防作为预防腐败的双重手段。制度预防主要是通过外在层面的制度设计，对运行过程中的权力进行有效的约束和监督，以达到“不能腐”的目的；教育预防则从内在层面，在思想动机上使权力主体形成正确的价值观、权力观，达到“不想腐”的效果。教育预防是将反腐败的关口前移，在权力主体思想层面尽可能消除腐败动因。与其他惩治和预防腐败行为的手段相比，从思想层面将预防腐败的关口前移，成本更小、收益更高，且具有更高的可操作性。为此，世界各国将廉洁教育特别是大学生的廉洁教育作为预防腐败的重要举措之一（邓小明等，2021）。

大学生是中国特色社会主义事业的重要后备力量，大学阶段是大学生世界观、人生观、价值观形成的关键时期，对大学生开展廉洁教育，帮助其牢固树立廉洁意识，提升廉洁素养，不但关乎学生成长成才，而且关乎国家长治久安和社会的和谐稳定。党和国家高度重视大学生廉洁教育，进行了系列部署，提出了明确要求。2005 年，教育部在北京、天津、上海、浙江、湖北、陕西和太原、南京、广州、深圳十省市大中小学开展廉洁教育试点工作，明确指出在大中小学开展廉洁教育试点工作，是建立健全党风廉政建设和反腐败工作长效机制的必然要求，是加强和改进未成年人思想道德建设和大学生思想政治教育的重要任务，对促进青少年学生健康成长，确保党和人民的事业代代相传、长治久安，具有重要意义；同时要求试点省市的教育工作部门站在培养社会主义合格建设者和可靠接班人的战略高度，以对党的事业高度负责和对青少年学生健康成长高度负责的态度，充分认识在大中小学开展廉洁教育试点工作的重要性和必要性，认真做好这项工作。2007 年，教育部在前期试点的基础上正式发布了《关于在大中小学全面开展廉洁教育的意见》，至此，我国大学生廉洁教育作为国家廉政建设体系中预防腐败的教育战略在高等教育领域中分层教育的实践正式在全国全面展开。此次意见明确大学阶段廉洁教育的目标和主要内容是：以社会主义核心价值体系为引领和主导，加强法制和诚信教育，加强社会公德、职业道德和家庭美德教育，组织学习党和国家关于党风廉政建设和反腐败方面的方针政策、法律法规等，引导大学生树立报效祖国、服务人民的信念，不断提高大学生的道德自律意识，增强拒腐防变的良好心理品质，逐步形成廉洁自律、爱岗敬业的职业观念。2008 年《中共中央纪委 教育部 监察部关于加强高等学校反腐倡廉建设的意见》下发，强调要加强大学生廉洁教育，认真落实《教育部关于在大中小学全面开展廉洁教育的意见》，建立健全领导体制和工作机制，充分发挥专业教师队伍的主导作用、思想政治工作队伍的引导作用和学生骨干队伍的示范作用，充分利用新生入学教育、毕业生教育等形式和各种校园文化活动，深入开展校园廉政文化建设。开展合格公民、遵纪守法、诚实守信教育。努力探索适应新时期要求的校园廉政文化建设新途径，总结推广一批校园廉政文化品牌和廉政文化理论研究成果。2022 年，中共中央办公厅印发了《关于加强新时代廉洁文化建设的意见》，指出要发挥廉洁教育基础作用，强化形势教育、纪法意识、警示震慑、示范引领。

总的来说，十余年来，高校大学生廉洁教育的组织架构、建设路径和方法不断完善，大学生廉洁教育取得了明显的成效，在促进学生健康成长、营造良好社会风尚等方面起到了积极作用。看到成绩的同时，还要正视存在的问题。当前大学生虽然普遍认识到了腐败对于国家和社会的严重危害，但对于腐败也同样表现出一定的容忍度；还有少数大学生对腐败表现出情绪化的心理倾向，表现出一定的价值认同模糊化、价值取向功利化、正义参与冷漠化等行为倾向；学生干部的微腐败现象也初现端倪，如干预学生干部竞选、干预各种奖项评比等①。一些大学生违法案例警示大学生廉洁教育还有很多工作要做。如 2018 年 4 月，江苏某大学在校生徐某，利用某餐饮企业 App 客户端和微信客户端之间数据不同步的漏洞，骗取兑换券和取餐码，将套餐出售给他人牟利，且将犯罪方法传授给丁某等 4 名同学。同年 10 月案发，徐某行为造成该企业损失 5.8 万余元，丁某等 4 人造成该企业损失 0.89 万元至 4.7 万元不等。2021 年 5 月，上海

① 胡于凝，马晶钰．大学生廉洁教育缘何重要［EB/OL］．(2019-11-15)［2023-01-29］．https：//www. shnu. edu. cn/ _ t12/d6/11/c26244a710161/page. htm.

徐汇区法院判决徐某犯诈骗罪，判处有期徒刑 2 年，罚金 6 000 元；犯传授犯罪方法罪，判处有期徒刑 10 个月，合并执行有期徒刑 2 年 6 个月，并处罚金 6 000 元。丁某等 4 人分别被判处有期徒刑 2 年至 1 年 3 个月，并处罚金 1 000 元至 4 000 元不等。他们作为接受高等教育的青年一代，理应具备相应认知和判断能力，对行为性质和行为损害后果应该有清醒的认识，但由于缺乏廉洁意识，他们令人痛惜地误入歧途（杨怡敏和唐敏，2022）。

当前，干部腐败低龄化现象也值得高校学生工作者反思。一些年轻干部年纪轻轻就是业务骨干，因为能力强、进步快，较早走上领导岗位，成长之路比较顺畅；然而，在商人的“围猎”之下，没有守住底线，违反党纪国法，走上不归路。这些腐败的年轻干部相当一部分是受过高等教育的大学毕业生，缘何在短短的时间内从优秀青年才俊堕落成为腐败分子，这当中诚然有多种因素，但与其廉洁自律意识不强、放松自我要求有很大关系。

高校学生工作者如何有效开展廉洁教育，帮助学生提升廉洁素养是一项重大的课题。笔者认为概括起来可以围绕学生廉洁意识提升和廉洁能力建设展开。廉洁意识提升侧重通过各种教育提升学生对廉洁的内心认同，内化于心，达到真正发自内心深处的高度自觉。这种自觉不是表面的、人云亦云的，或者碍于老师的评价等因素而刻意隐藏的虚假认同。廉洁能力建设，侧重通过情景教育或者案例教育，模拟特定场景，使学生进行身临其境般地感受与体验，启发思考，对各种腐败现象学会拒绝和抵制。要把两者的教育和培养放在同等位置来对待。理论政策讲了很多，但当学生真正碰到问题反而就束手无策了，这不是我们想要的教育，这种教育也是不成功的。

第六章 学生工作探索

第一节 大学生人文素养提升探讨

本节以农科大学生为例进行探讨。

一、人文素养内涵及价值

范志华（2005）指出人文素养就其核心来说，主要是指人的世界观和人生观，内容包括人生的意义、追求、理想、信念、道德、价值等。它是人类文化的灵魂，是做人的基本原则，其意义在于它始终不渝地强调“人是目的”这一最高价值判断。朱晓丽（2005）认为人文素养，应包括语言文化修养，人生观、价值观的取向，伦理道德水平，以及审美情趣的高下等。从学者的论述来分析，人文素养不仅包括人文知识，还包括人文精神，强调的是以人为对象、以人为中心的精神，即人的内在品质，核心内容是对人类生存意义和价值的关怀。

20 世纪 70 年代中期以来，人们反思在工业文明过程中片面强调科技教育、追求生产力发展，而忽视人文教育带来的系列负面问题，人文教育及人文素养培养重新受到审视、关怀。自 20 世纪 90 年代以来，我国针对当时教育的弊端，即多年来重理轻文的现象，造成大学生人文知识的缺失，实施了大学生文化素质教育，提升大学生人文素养。随着我国自 1999 年开始的高等教育扩招的推进，大学生人文素养受到了全社会的广泛关注。

杨叔子先生在其任华中理工大学校长期间以其敏锐的教育洞察力意识到，如果像现在这样培养工科人才，能够出“师”（工程师、经济师、会计师……），但出不了大师。原因在于太缺人文素质了。因为，文化素质教育是全面素质教育的决定性一环。1998 年 3 月美国哈佛大学校长尼尔·陆登庭在北京大学演讲时说："大学必须考虑应该提供一种什么教育，那就是要重视对'人文'学问的传授，大学要提供无法用金钱衡量的最佳的教育。这种教育不仅赋予我们较强的专业技能，而且使我们善于观察、勤于思考、勇于探索，塑造健全完善的人格，特别是通过不同学科领域知识的渗透，使从事科学研究的人开始懂得鉴赏艺术，从事艺术创造的人逐渐了解科学，使我们每个人的生活更加丰富多彩。"有专家曾说过：一个缺乏人文精神的时代将是一个残缺的时代，一个缺乏人文精神的世纪将是一个残缺的世纪，一个缺乏人文精神的国家和民族将是一个残缺的国家和民族，一个缺乏人文精神的大学生将是一个残缺的大学生。从中可以看出，不论国内外，大学生的人文素养培养问题受到了普遍的重视。

二、农科大学生人文素养培养问题的提出

党的二十大报告指出："全面建设社会主义现代化国家，最艰巨最繁重的任务仍然在农村。坚持农业农村优先发展，坚持城乡融合发展，畅通城乡要素流动。加快建设农业强国，扎实推动乡村产业、人才、文化、生态、组织振兴。"乡村要振兴，人才是关键，乡村振兴的推进急需一批学农、知农、爱农、兴农，具备扎实专业知识和较高人文素养的高素质人才的加入。著名学者潘懋元教授指出："农村现代化和高等教育大众化，都是中国社会主义现代化建设的组成部分。农村现代化需要大批受过高等教育的人才，高等教育大众化需要农村广阔天地解决毕业生就业问题；因而，把两者结合起来，使高等教育通向农村，是中国现代化建设的必由之路。"农科大学生在服务"三农"、推进乡村振兴等方面有着天然的优势，担负着重要的特殊使命。

农科大学生服务"三农"、推进乡村振兴，责任重大，使命光荣，需要强烈的责任感和使命感，光有专业知识而不具备较高的人文素养，那么服务的水平、层次和效益将受到影响。然而，由于客观的历史原因和现实的教育因素以及学生自身存在的一些主观因素，当代大学生人文素养存在缺失，农科大学生也不例外，需要社会和高校教育管理者引起重视和关注。

三、农科大学生人文素养缺失的表现及成因

学者昂晴（2007）指出造成大学生人文素养缺失的原因有三：一是长期以来在大学教育中存在着一种“重科技、轻人文”的倾向，人文教育没得到应有的重视；二是大学生实用性和功利性的思想观念严重弱化了他们的人文意识以及对人文学科的求知欲望；三是人文课程本身存在诸多缺陷。美国人文学术研究基金会曾在《美国高等教育人文教学研讨报告》中指出：人文教学在高等教育中受到轻视，导致大学生对文化传统极其陌生。纵观国内外学者的分析研究，大学生人文素养的缺失有着客观的历史原因和现实的教育因素，同时大学生自身也存在一定的主观因素。

根据观察，农科大学生总体上讲具备了一定的人文知识，具有一定的人文精神，但在日常学习、生活中却表现出人文素养的“暂时性缺失”，如有些学生目标不定，责任意识缺失；心态浮躁，自身价值迷茫；礼仪失范，人际关系冷漠；思维定式，文化内化不够等。笔者更愿意将部分农科大学生人文素养的“暂时性缺失”称为“隐性”缺失。“隐性”是相对于“显性”而言的，显隐性现象普遍存在于自然界中的人、事和物之中。关于“隐性”的表述，遗传学的定义是“在杂合状态下，隐性等位基因支配的性状不表现的现象”，《现代汉语词典》的解释为“指性质或性状不表现在外的（跟‘显性’相对）”，普通的理解可引申为隐藏在表面状况下面的不为人知的情况或事实。在生活中，会发现很多显隐性的关系，如显性知识和隐性知识，显性失业和隐性失业，心理学上的显性人格和隐性人格等。隐性的一个特点就是本身存在但未外显或暂时未外显，在一定条件下可以转化为显性。

农科大学生人文素养“隐性”缺失的成因是复杂的，有客观的历史因素和现实的环境因素以及学生自身主观方面存在的一些问题，但是归纳起来，无非是主观和客观两个方面的原因。

（一）农科学生自身的主观因素

农科学生人文素养“隐性”缺失，从外在表象来看是人文素养不高、外显不足。然而从深层次进一步分析，这种缺失在一定程度上是农科学生

对专业兴趣不足、对自身发展不确定的迷茫和对自身前途的忧虑的表现。同时部分学生在现实环境面前，缺少准确、客观的分析，任负面情绪扩散。当这种负面的情绪积累和扩散到一定程度而又得不到正向的刺激或者刺激不足时，这种消极状态就在一部分群体中显现了。

（二）现实环境的客观因素

1. 社会对农科专业认识不全，政策保障不足，轻农思想依然存在

我国是农业大国，农业的基础地位从来没有人否认过。农科专业属于“长线”专业，因其公益性和特殊性，农科学生就业范围相对较窄，基本上局限在“农口”范围内，同时从待遇方面来讲相对较低。国家和政府虽然对农科专业学生的学费有一定的优惠，但农科学生毕竟就业路子相对较窄，社会层面对农科学生的长远发展缺少相应的保障。

一些社会人士和部分学生家庭对农科的认识还停留在传统的种植技术层面，对于农科专业在生物技术方面的应用，农业产业的作用发挥以及农业与二三产业的对接等方面认识不足，认为农科没有前途，不会产生多大效应等，这在一定程度上影响学生对农科专业的兴趣和在农科专业发展的自信心。

2. 社会不良风气对农科学生侵袭不容忽视

农科专业从本质上来讲或者从长远来讲，基本上属于公益行业。从事农科专业的学生需要有一定的奉献精神，需要有对保障全社会基本生存问题的强烈的责任感，以及促进农业现代化，提高国家综合实力的强烈使命感。当前社会存在着一些不良风气和思潮，如享乐主义、拜金主义、各种所谓的潜规则等，对青年农科学生无疑产生负面影响。又如毕业生就业过程中千方百计利用各种社会关系，为自己谋得一份好职位的事也已经是司空见惯了。近年来，毕业生就业中的“拼爹”现象就是其中的一例。农科学生来自农村比例较高，社会资源相对不足，在就业过程中相对处于劣势。在对农科学生的调研过程中，不少学生简单地认为决定以后发展的不是自身而是社会关系。

3. 高校教育引导的有效性不够，家庭教育不足，两者互动欠缺

高校教育和家庭教育在学生树立正确的世界观、人生观和价值观，帮助学生健康成长等方面发挥着重要的作用。当前，高校对大学生的人文素

养培养问题非常重视，采取了很多措施，如开设人文素养的相关课程、营造校园人文氛围等，但现实的状况是对学生素养培养的有效性不足，采取的措施很难从根本上解决大学生的人文素养缺失问题，这也是高等教育管理者当前的一个困境。一些家长认为，孩子都已经进入大学了，学生的思想问题学校会来教育，家长只需提供物质保障就可以了，缺少对农科学生精神的关注。同时，高校教育和家庭教育两者的互动不足，双方对学生的信息掌握不对称，影响了教育的效果。

四、农科大学生人文素养缺失的破除对策

怎样培养大学生的人文素养这个命题受到国内外教育界的关注。从文献报道来看，主要集中在三个方面：一是在大学发展战略上，更新教育理念，并依靠教育组织强力推进人文教育；二是加大人文课程比重；三是在培养方式上，使人文教育与专业教育相结合等。

农科大学生的人文素养培养问题与普通大学生的培养存在着共性的方面，可以借鉴上述培养措施。同时，农科大学生的人文素养缺失有其本身的特点，除了借鉴外，还需采取其他相应的措施和对策，采取系统的方法来破除“缺失”，还原农科大学生应有的素养和成长的激情。

1. 要营造良好的农科专业发展环境，加大对农科学生的投入

农科专业和农科学生对于推进乡村振兴、服务“三农”、建设农业强国有着不可替代的作用。虽然国家和政府一直在加大对农科专业的投入，然而农科专业相对来说仍属于“冷门”专业，农科学生在就业方面仍存在渠道窄等问题。国家、政府应加大对农科专业和农科学生的投入，完善相关的政策和制度保障，建立激励机制。对于毕业生以后在农业行业发展的，国家和政府也可出台保障政策，使农科学生安心学农，安心献农。

2. 重视农业形势政策教育，激发学生投身“三农”激情

前面讨论了农科学生人文素养“隐性”缺失的本质是农科学生对自身发展的迷茫。迷茫的原因很重要的一个方面是缺乏对农业发展前景的全面了解，缺乏对农科专业的认同。高校在对农科学生培养的过程中，应充分重视对农业形势政策的宣传和教育，将其与其他专业课程放于同等地位来对待，认真加以组织和落实。对于农业形势政策教育，不仅局限于校内，

还要延伸到校外、延伸到企业，让学生切实感受到农业发展无限好，农村发展大有前景，农科学生大有用武之地，进一步激发农科学生投身“三农”，服务乡村振兴的热情和激情。

3. 完善人才教育培养模式，实现专业教育和人文教育的融合

很多时候，在培养大学生的人文素养时，首先想到或者着手行动的是开设相应的人文素养课程或者人文讲座。但是，从近年来的实施效果看，虽然取得了一定的成绩，但总体上不能令人非常满意。这当中固然有很多因素影响，如教师的授课质量、学生的兴趣投入等。另外还有一个原因，就是我们有意无意地把专业教育与人文教育相割裂了，人文教育没有落实到具体的专业教育或者专业实践中来，专业教育过程中未能体现专业的人文价值。农科学生的人文素养“隐性”缺失的破除需要从思想层面来加以根本解决，需要专业教育和人文教育的融合，即在专业教育过程中要融入人文情怀，激发学生的使命感，在人文教育过程中要激发学生专业学习的动力，使两者有机融合。

4. 学校教育和家庭教育相结合，实现两者的互动

对任何一个人来讲，无论成长到哪一步，家庭、父母永远是最值得信赖和依靠的，家庭教育自始至终发挥着作用。笔者在调查学生礼貌养成过程中问及学生哪项教育影响最重要时，有 91%的学生选择了家庭教育，只有 9%的学生选择了学校教育。可见家庭教育对于学生培养的重要性。农科学生因专业的特点，需要家长更多的理解和支持，因此，从某种角度来讲，家庭的支持对于农科学生的成长是至关重要的。校方应该主动与学生家长保持交流沟通，介绍行业发展进展和趋势、了解学生个性。通过交流沟通使家长能够比较全面掌握专业动向和学生学习等情况，使学校更加全面把握学生特点，进而提高学生培养的有效性和针对性。

第二节　大学生竹文化认同现状初探

习近平总书记在党的十九大报告中指出：“文化是一个国家、一个民族的灵魂。文化兴国运兴，文化强民族强。没有高度的文化自信，没有文化的繁荣兴盛，就没有中华民族伟大复兴。”“文化自信，是更基础、更广泛、更深厚的自信。”中华竹文化博大精深，英国学者李约瑟曾指出，东亚文明过去被称为“竹子”文明，中国则被称为“竹子文明的国度”。无论从竹文化的发展成就还是国际比较来看，中国竹文化值得国人骄傲和自豪，对于提升文化自信、凝心聚力而言有着独特的作用。高等学校肩负着培养社会主义合格建设者和可靠接班人的重任，培养和增强大学生的文化自信既是高校重要的职责和使命，也是重大育人课题。竹文化显然在增强大学生文化自信方面能发挥积极的作用。

在探讨文化自信的同时，必须思考文化认同问题。因为，文化认同是文化自信的基础和源泉，是指人们对某种文化在观念上、心理上和行为上的认可、接受和融入。文化认同要经历认知、情感和行为三个阶段，由最初对某种文化观念的了解，转化为情感上的肯定，通过重构自己已有的文化观，形成新的文化观，最终外化为个人行为。坚定青年学生的文化自信，首先必须了解和把握他们的文化认同状态。

一、研究对象与方法

（一）研究对象

某农林高校本科大学生 236 人，涵盖农学、理学、工学、管理学等学科类型。

（二）研究方法

主要采用问卷法。根据文化认同的基本内涵、参考专家学者对文化认同问题研究的基本框架，设计了“大学生竹文化认同现状的问卷调查”；主要从大学生对竹文化的基本认知、基本情感、价值认同、践行情况以及获得和接受竹文化途径等方面进行调查；其中基本认知、基本情感、价值认同和践行情况属于竹文化认同的四个维度。采用李克特 5 分量表，1 分表示“非常不了解”“非常不清楚”“非常不认同”等，5 分表示“非常了解”“非常清楚”“非常认同”等。问卷设置了“性别”“生源地”“年级”“学科类别”等人口学变量。

调查共发出 250 份问卷，收回 245 份，剔除信息不全，漏答、多答等无效问卷，最终得到有效问卷 236 份，问卷有效率为 94.4%。对回收的有效问卷，运用 SPSS19.0 统计软件对数据进行运算和分析。

二、结果与分析

（一）大学生竹文化基本认知

关于竹文化基本认知，共设置了4个问题，从“竹子用途”“竹文学作品”“竹子精神”三个维度进行调查。关于“竹子用途”，选择“非常了解”和“了解”的分别占6.4%和25.0%，“一般”的占58.1%，“不了解”和“非常不了解”的合计占10.6%，平均得分3.27分，说明学生对竹子用途有基本的了解，1/3的学生了解程度较高。对“竹文学作品”的了解，选择“非常多”和“很多”的分别占6.8%和22.9%，“一般”的占50%，“很少”和“非常少”的合计占20.3%，平均得分3.12分，说明学生对竹文学作品的了解处于中等偏上水平，但存在分化，部分学生掌握得比较好，同时也有部分学生掌握程度处于较低水平。在“竹子精神”方面，设置了2个问题，其中对竹子精神的了解，选择“非常清楚”和“清楚”的分别占9.3%和43.6%，“一般”的占39.0%，“不清楚”的占8.1%，平均得分3.54分，说明有相当部分学生对竹子精神的了解程度较高；另外，对于竹子是否植物“四君子”之一的问题，选择“非常确定”和“确定”的分别占56.4%和32.6%，“一般”的占8.5%，“不确定”和“非常不确定”的合计占2.5%，平均得分4.42分，说明学生对竹子是植物“四君子”之一的了解程度很高。综上分析，4个问题的平均得分3.59分，从低到高排序为“竹文学作品”（3.12分）、“竹子用途”（3.27）、“竹子精神”（3.54分）、“竹是植物‘四君子’之一”（4.42分），说明学生对竹文化的基本认知整体处于中等偏上的水平。进一步的分析表明，在竹文学作品了解方面，城市生源学生（3.30分）对竹文学作品的了解程度高于乡镇生源学生（2.90分），两者差异显著（$p<0.05$），农村生源得分介于两者之间；在竹子精神的了解方面，理科类学生得分（3.81分）明显高于工科类学生（3.42分），两者差异显著（$p<0.05$），农学类、管理类学生得分介于两者之间。

（二）大学生竹文化基本情感

关于竹文化基本情感方面设置了3个问题，从喜欢“竹子植物”、“竹制品”和“竹文学作品”三个维度进行调查。对于竹子植物，选择“非常喜欢”和“喜欢”的分别占8.9%和47.0%，“一般”的占43.6%，“不喜欢”的占0.4%，平均得分3.64分，说明学生对竹子总体上是有情感的，超过50%的学生喜欢程度较高，持排斥态度的比例较低。对于竹制品，选择“非常喜欢”和“喜欢”的分别占14.8%和50.8%，“一般”的占33.5%，“不喜欢”的占0.8%，平均得分3.80分，说明竹制品在学生群体中比较受欢迎，超过60%的学生喜欢程度较高。在竹文学作品方面，选择“非常喜欢”和“喜欢”的分别占7.6%和39.0%，“一般”的占50.8%，“不喜欢”的占2.5%，平均得分3.52分，说明学生对竹文学作品喜爱程度处于中等偏上水平，超过40%的学生对竹文学作品的喜欢程度处在较高水平。综上分析，3个问题平均得分3.65分，最高的为竹制品（3.80分），其次为竹子植物（3.64分）和竹文学作品（3.52分），说明学生对竹子物质形态的基本情感相对于精神层面的竹文学作品而言处于更高水平。进一步分析表明，在竹文学作品喜爱程度方面，农学类学生得分（3.71分）明显高于工科类学生（3.34分），两者差异显著（$p<0.05$），理科类、管理类学生得分介于两者之间。

（三）大学生竹文化价值认同

关于竹文化价值认同的调查设置了4个问题，分别为“竹子精神激励作用的认同”、“竹文化提升文化自信的认同”、“竹文化是中华宝贵的精神财富的认同”以及“对传承弘扬竹文化的认同”。在竹子精神激励作用方面，选择“非常认同”和“认同”的分别占13.1%和56.4%，“一般”的占30.1%，“不认同”的占0.4%，平均得分3.82分，说明学生对竹子精神激励作用的认同程度相对较高。在提升文化自信方面，选择“非常认同”和“认同”的分别占16.5%和45.8%，“一般”的占35.2%，“不认同”的占2.5%，平均得分3.76分，说明学生对竹文化提升文化自信方面有较高的认同。在中华宝贵的精神财富方面，选择“非常认同”和“认同”的分别占27.5%和58.1%，“一般”的占13.6%，“不认同”的占0.8%，平均得分4.12分，说明学生对竹文化是中华宝贵的精神财富的认同程度很高，表现出较强的文化自豪感。在加强竹文化传承和弘扬方面，选择“非常认同”和“认同”的分别占22.5%和62.3%，“一般”的占14.4%，“不认同”和“非常不认同”的占0.8%，平均得分4.06分，说明学生对加强竹文化的传承和弘扬的正向态度很一致，表现出较强的社会责任感。综上分析，4 个问题平均得分 3.94 分，最高的为竹文化是中华宝贵的精神财富（4.12 分），其次为加强竹文化传承和弘扬（4.06 分）、竹子精神激励作用（3.82 分）和竹文化提升文化自信（3.76 分），说明学生对竹文化宏观态度的认同要高于竹文化具体作用的认同。进一步的分析表明，在加强竹文化传承和弘扬方面，农学类学生得分（4.18 分）明显高于管理类学生（3.83 分），两者差异显著（$p<0.05$），理科类和工科类学生介于两者之间。

（四）大学生竹文化践行情况

关于竹文化践行方面，共设置 2 个问题，分别是“平时践行竹子精神情况”和“参与传承和弘扬竹文化活动的意愿情况”。关于践行竹子精神情况，选择“非常一致”和“一致”的分别占 8.5%和 31.8%，“一般”的占 57.2%，“不一致”和“非常不一致”的合计占 2.5%，平均得分 3.46 分，说明学生践行竹子精神情况处于中等偏上水平，40.3%的学生践行竹子精神情况较好。在参与竹文化传承和弘扬活动的意愿方面，选择“非常愿意”和“愿意”的分别占 12.3%和 52.5%，“一般”的占 33.1%，“不愿意”的占 2.1%，平均得分 3.75 分，说明学生对参与竹文化传承和弘扬的意愿较强，特别是 64.8%的学生显示出了很强的意愿。综上分析，2 个问题的平均得分 3.60 分，学生参与竹文化传承和弘扬活动意愿方面的得分高于践行竹子精神情况的得分。进一步的分析表明，在参与竹文化传承和弘扬活动意愿方面，大一学生得分（3.91 分）明显高于大三学生（3.49 分），两者差异显著（$p<0.05$），大二学生和大四学生（均为 3.78 分）介于两者之间，说明大一学生参与活动的积极性较高，大三学生有所下降，大二学生和大四学生则又出现回升的情况，这说明学生对竹文化的认识是动态变化的，特别是在大四阶段参加实践实习和社会交流增多，对竹文化有进一步的认识和理解；农学类学生得分（3.98 分）明显高于工科类学生（3.56 分），两者差异显著（$p<0.05$），管理类学生和理科类学生介于两者之间。在竹子精神践行方面，农学类学生得分（3.62 分）明显高于管理类学生（3.26 分），两者差异显著（$p<0.05$），工科类学生和理科类学生介于两者之间。

（五）大学生竹文化获得途径

对学生获得竹文化知识首要途径的调查表明，通过“阅读”的占35.2%，“老师课堂传授”的占17.8%，“网络电视等媒体”的占29.2%，“听人说”的占4.7%，“平时无意间接触到”的占12.3%，“其他”的占0.8%，这说明阅读和宣传媒体在学生竹文化获得方面发挥着重要作用，同时有1/3的学生通过阅读了解竹文化，说明有相当的学生群体对竹文化表现出较强的兴趣。“平时无意间接触到”与“网络电视等媒体”合计占的29.2%加在一起为41.5%，说明竹文化在社会传播的基础和氛围较好。进一步的分析表明，女生通过阅读了解竹文化的比例（39.0%）明显高于男生（30.0%），差异显著（$p<0.05$）；而男生通过网络电视等媒体了解竹文化的比例（37.0%）则明显高于女生（23.5%），差异显著（$p<0.05$）；说明不同性别在了解竹文化的途径上存在一定的差异，女生比男生更倾向于阅读，而男生较女生则更倾向于网络电视等媒体。

（六）大学生竹文化接受途径的倾向性意愿

对学生竹文化接受途径的倾向性意愿的调查表明，选择“课堂传授”的占8.1%，“校园文化活动”的占37.7%，“竹文化景观营造”的占42.8%，“参观考察”的占11.0%，“其他”的占0.4%，表明学生比较倾向于通过竹文化景观营造和校园文化活动来接受竹文化，说明喜闻乐见和潜移默化的形式更易为学生接受。进一步的分析表明，女生选择校园文化活动作为首选途径的比例（42.6%）明显高于男生（31.0%），差异显著（$p<0.05$），说明女生较男生更乐于参加校园文化活动来接受竹文化知识。

三、结论与讨论

（一）竹文化在大学生群体中有认同基础

大学生竹文化“基本认知”、“基本情感”、“价值认同”和“践行情况”四个维度的平均得分均在3.5分以上，尤其是“价值认同”的得分（3.94分）处于较高水平，表明学生对竹文化认同总体上处于中等以上水平。同时，在学生获得竹文化首要途径的调查中显示，学生选择“老师课堂传授”的仅占17.8%，这说明学生获取竹文化知识的方式呈现多样化，也提示了通过课堂向大学生传授竹文化知识的巨大空间和潜力。这些都为在大学生群体中进行竹文化传承和弘扬，进而提升学生中华文化自信奠定了良好的基础。

（二）大学生对竹文化不同内容的认同之间存在差异

首先在认同的四个维度上，学生对于竹文化的“价值认同”是最高的，对竹文化“基本认知”的得分则最低，而“基本情感”和“践行情况”介于两者之间。“价值认同”高而“基本认知”低，似乎不合逻辑，但也从一定程度上表明了竹文化对学生群体潜移默化的影响。同时“基本认知”得分相对低，表明学生对竹文化具体内容的关注相对不够，需要进一步提升。在不同维度间，呈现出对竹文化宏观了解的程度高于对具体内容的熟识度，如在“基本认知”这一维度，对“竹子精神”了解要高于对“竹文学作品”的掌握；还呈现出理论认同高于实际践行的现象，如“竹文化激励作用认同”和“参与竹文化传承和弘扬活动的意愿”的得分均高于“竹子精神践行情况”的得分；这些说明学生对竹文化精细的了解和深度的掌握还有空间，对竹文化精神的内化于心、外化于行还有潜力。

（三）优化课堂内外竹文化传承和弘扬的途径

对学生竹文化接受途径的倾向性意愿的调查表明，选择“课堂传授”的为8.1%，而选择“校园文化活动”和“竹文化景观营造”的合计为80.5%，这说明在竹文化传承和弘扬过程中须充分重视校园文化氛围营造和文化活动的组织。同时，在竹文化认同培养过程中，不能因选择的比例低而忽视课堂传授的价值，而应精心选择、科学高效地组织课堂教学。有机整合一二三课堂，发挥各自功能，统筹谋划、科学布局、精心组织，突出强调思想性、教育性、参与性和日常生活的有机融合，使竹文化发挥应有的价值和作用。正如学者张鸿雁指出，“文化治理不只单纯地建构宏大理想，更多的是日常生活与日常行为文化价值取向的建构，只有让文化传统内化为日常行为和日常习惯，才能形成社会整体和谐的基石。”

（四）关注学生个性化特点，丰富竹文化资源

分析表明，学生在获得竹文化知识途径上有差异，应重视这些差异，丰富图书资料和网络资源等，满足学生获取竹文化途径的多元化需求。根据不同年级和不同学科学生的差异，开展更加针对性的工作，如大一学生

参与竹文化活动的积极性明显比较高，就应根据这些特点更加精准地组织策划相应的活动，以更好地发挥活动的效用。

第三节 论竹文化在农林高校的传承和创新

党的十八大以来，以习近平同志为核心的党中央对文化建设高度重视，作出了一系列新论述、新部署。中共中央办公厅、国务院办公厅印发了《关于实施中华优秀传统文化传承发展工程的意见》，对中华优秀传统文化传承发展工程作出了部署。

我国是竹资源大国，是公认的世界竹类植物的起源地和现代分布中心之一，堪称“竹的故乡”（何明和廖国强，2007）。竹文化源远流长，博大精深，是中华民族宝贵的财富。纵观中华五千年文明史，竹和竹文化渗入中华民族的物质生活和精神生活的方方面面，与人们的生活息息相关，对中华民族生产、生活、思想、行为等产生了深远的影响，发挥了积极的作用。在新的历史时期，如何进一步传承和创新竹文化，使竹文化在社会发展进程中发挥更大作用值得思考和探索。

一、新时期竹文化传承和创新的特殊意义

（一）生态文明视阈下的竹文化

进入新的发展阶段，生态文明建设受到党和国家的高度重视，特别是党的十八大以来，把生态文明建设提高到新的高度，纳入中国特色社会主义事业“五位一体”总体布局，持续推进生态文明建设。生态文明建设是一项系统工程，其中整个社会的生态文明氛围营造和公民的生态文明素养养成是重要的组成部分。竹文化在生态文明氛围营造和公民生态文明素养养成过程中能发挥积极的引导、教育等功能。一方面从竹子材料利用的文化传承来看，竹文化具有生态属性。竹子的各个部分都有使用价值，如竹鞭可加工成工艺品，竹笋富含人体必需的微量元素，深受老百姓的欢迎，竹子主干部分既可由传统匠人通过一把篾刀加工成各种生产生活用具，也可通过现代加工手段制成竹地板、竹服饰等。应该说竹具备“全身”的利

用价值，全身都是宝，没有废弃的地方。另一方面，从竹子生物学特性来看，竹子具有生态“精神”，作为以竹为载体延伸的竹文化具有生态特性。竹子属禾本科植物，种类繁多，生物多样性丰富，是个名副其实的竹子大家庭。竹子适应性强，生长迅速，几年即可成材，可有序持续采伐利用，不用过多的投入，却有着很好的产出。毛竹林具有很强的碳汇功能，毛竹林乔木层年固碳量是速生阶段杉木林的 1.46 倍、热带山地雨林的 1.33 倍、苏南 27 年生杉木林的 2.16 倍（刘恩斌等，2012）。作为竹子利用历史悠久的中华民族，无时无刻不在有意无意间体悟着竹及竹文化的生态特性。在大力弘扬生态文明、建设生态文明的今天，竹文化无疑有着积极的意义。

（二）文化自信视野下的竹文化

党的十八大以来，习近平总书记在不同的场合多次提到文化自信这个问题，指出“中国有坚定的道路自信、理论自信、制度自信，其本质是建立在 5 000 多年文明传承基础上的文化自信”，又指出“泱泱中华，历史悠久，文明博大。中华民族在几千年历史中创造和延续的中华优秀传统文化，是中华民族的根和魂”。中华民族的文化自信是有着坚实的基础和深厚的底蕴的，是根植于内心深处和过往积极的经历的，是看得见、感受得到的。在悠久的历史发展进程中，竹文化一方面在生产和生活上满足了人们的需要；另一方面在精神层面熏陶了人们的情操，滋养着精神的家园。竹子的使用确切记载始于仰韶文化，距今约 6 000 年；商代就已知道竹子的多种用途，其中如用作竹简，即把字写在竹片上，再把它们用绳子串在一起就成了“书”，汉字“册”即由此而来；我国早在 9 世纪已开始用竹造纸，比欧洲约早 1 000 年（李世东和颜容，2007）。在精神文化领域，竹与梅、兰、菊一直并称“四君子”，是君子的品德象征。因此，竹文化承载着中华民族的文化自信，有着鲜活的、生动的说服力。

（三）文化传播视野下的竹文化

竹文化是很好的文化传播载体。一方面对于中华民族同胞来讲，竹文化家喻户晓，与竹有着特别的情节，一些地方在长期的生产生活实践中形成了“人竹共生”的现象。另一方面，对外文化交流传播过程中，竹文化更是形神兼备，有着强烈的文化自信和自豪感，能充分展示中华文化独一无二的理念、智慧、气度和神韵。英国著名学者李约瑟在《中国科学技术史》中指出，东亚文明过去被称为“竹子”文明，中国则被称为“竹子文明的国度”（李世东和颜容，2007）。

二、农林高校是竹文化传承和创新的理想之所

（一）基于竹子精神与农林高校精神的契合分析

茅盾文学奖得主、著名作家王旭烽在《中国竹文化通论》的序中写道“君子品格，一言以蔽之，‘仁义礼智信，温良恭俭让’而已矣。竹与君子相匹，可谓珠联璧合，天衣无缝也”；又写道“竹的精神品相中，有两点是它物不能够取代的，一是它的‘虚心’，一是它的‘有节’。而无论虚心还是有节，都与儒家文化中的‘礼’字相辅相成”。在中国传统竹文化的语境中，竹象征着君子，竹子品格乃君子品格。从竹子利用的角度看，竹子精神隐喻着利他和奉献的崇高品质。我国是农业大国，农村、农业、农民即“三农”问题关乎国家的现代化建设。农林高校承担着高素质农林人才培养的职责，在“三农”问题上有着独特的担当和作为。因此，长期以来培养服务“三农”、对“三农”有感情的高素质农林行业的“君子”是农林高校校园文化的价值追求。因“三农”问题的特殊性，对农林人才培养的过程中更加注重君子品格和奉献精神的培养。因此说，竹子精神与农林高校精神在对于人的塑造和要求的价值取向上来说是高度契合的。

（二）基于农林高校文化传承创新的责任和使命分析

2011 年 4 月，胡锦涛同志在庆祝清华大学建校 100 周年大会上的讲话中指出：“不断提高质量，是高等教育的生命线，必须始终贯穿高等学校人才培养、科学研究、社会服务、文化传承与创新各项工作之中”“高等教育是优秀文化传承的重要载体和思想文化创新的重要源泉”，鲜明地把文化传承创新作为高等学校的重要职能。由此，文化传承与创新作为大学第四职能开始为学者所研究，随着高等教育的深入发展，文化传承与创新已成为大学继人才培养、科学研究、社会服务基础上的第四项职能（阚莉，2014；宋喆，2013）。实际上，从大学的发展历程看，大学自成立以来一直与文化的传承与创新息息相关。众所周知，知识经济时代，国家间的竞争已变成以文化价值认同为核心的文化软实力与硬实力之间的竞争，

文化对于国家竞争力的重要性日益凸显。农林高校在农林相关领域方面的研究有着天然的优势，显然在农业文化、森林文化的传承与创新方面需要发挥作用。竹文化是森林文化的重要组成部分，加强竹文化传承与创新符合农林高校的学校属性和学校价值。

（三）农林高校具有竹文化传承与创新的优良条件

农林高校对于竹文化的传承与创新有着独特的优良条件。首先，农林高校师生对植物有着天然的感情和兴趣。植物本身就是学习和研究的对象，以植物为载体的文化传承和创新更能引起师生的共鸣，更易激发师生的积极性和创造性。农林人对竹这种植物本身及其文化自然有着自己的理解和认识。其次，农林高校作为农林属性的高层次教育机构，具备了竹文化传承和创新的各项要素要求，包含从文化的传承、传播、交流、创新和研究等。

三、农林高校竹文化传承与创新的四个维度

（一）教育引导和传承的维度

农林高校竹文化的传承和创新首先要使师生特别是学生更多地接触和了解竹、竹文化，多角度多层面接收竹文化的熏陶。首先从大学的校园内外环境建设、景观布局来看，竹子元素可以得到很多的应用。如竹景观，竹子以其品种繁多、姿态优美和深厚的文化内涵而成为中国古典园林中不可缺少的组成部分。早在秦代“始皇起虚明台，穷四方之珍，得云冈素竹”，可知竹子被用到皇家园林“上林苑”中了（金荷仙等，1998）。又如竹子绘画艺术在学校室内公共场所文化建设中的运用，使得竹文化氛围营造与校园文化建设相得益彰。从课堂教学传授来看，传承竹文化是农林高校的优势，在讲授竹生物特性的同时自然能延伸到竹文化的介绍上来，是一个水到渠成的过程，也是知识学习的拓展。从校园精神文化内涵建设来看，可以充分吸收竹文化精髓，服务校园文化建设。从校园文化活动来看，开展体现生态、绿色等具有农林高校特征的文化活动也契合农林高校的办学特色，如开展竹建造竞赛、竹绘画比赛、竹艺展示、竹子种类辨认等丰富多彩的文化活动。因此，在竹文化的传承过程中，农林高校可统筹学校的环境建设、文化建设、课堂教学、文化活动等进行系统设计，营造

浓郁的竹文化氛围。

（二）研究与文化创新的维度

竹文化的创新离不开对竹、竹文化的研究，通过研究进一步挖掘和丰富竹文化的内涵、外延，赋予竹文化新的活力，以适应经济社会发展。农林高校对竹文化的创新至少可以在两个方面贡献力量。一方面在竹文化物质创新研究层面，发挥科研工作者的想象力和创造力，加强对竹本身的科学研究，发现新知识、新规律，创新和创造出更多富有科技含量的竹技术、竹产品；另一方面，在竹文化精神层面的创新也有广阔的空间，如竹艺术研究、竹子精神的深化、竹文学的创作等。另外，加强竹的精神文化与物质文化的有机融合，使竹制品更具文化内涵、更具价值的创新研究也是非常重要的方面。

（三）社会服务与文化弘扬的维度

我国著名学者潘懋元教授结合社会历史的发展，明确地提出了大学走向社会中心的观点："农业经济时代，大学游离于社会之外；工业经济时代，大学处于经济社会边缘；而知识经济时代的到来，大学将被推向经济社会的中心。"随着知识经济的到来和高等教育的发展，高校逐步走入了社会的中心，成为整个社会中最具活力、最能代表时代前进方向的机构，并被人们誉为"服务站"和"社会轴心机构"（刘光平，2007）。在这个时代，大学对社会的服务日益频繁，对经济社会的发展影响力日益增强。以高校社会服务为载体的文化弘扬更具影响力、生命力和活力。农林高校以社会服务为载体的竹文化弘扬顺理成章而且大有可为。一方面是教师的社会服务，围绕竹产品的全产业链指导与服务，如竹炭的多种用途、竹纤维的利用、竹醋液的应用、竹文化的应用等；另一方面是学生走向社会的社会实践和开展的各类文化活动。

（四）对外交流与文化传播的维度

开展对外交流，积极进行文化传播，使多种文化在交流和比较中产生火花，进而为各自文化注入新的元素是文化传承和创新的重要途径。高校对外交流平台较多，如各类论坛、学术会议、文化交流项目、学生访学、留学等，为文化传播提供了平台。开展以竹文化为主题或者融合竹文化元素的传播和交流活动符合农林高校特色。农林高校在这方面的工作也有自己的优势。

四、总结

竹资源和竹文化是中华民族宝贵的财富，特别是我们的祖先在几千年的历史长河中留给我们的竹文化弥足珍贵。在新的历史时期，进一步传承和创新竹文化，为传统的竹文化注入新的元素，赋予新的生命力是我们这代人的职责。农林高校作为具备农林属性的高校，在竹文化的传承与创新中承担着独特的使命，同时也为农林高校的发展提供了新的途径。

第四节　基于“比德”思想的竹子精神探析及高校育人价值

中国竹文化源远流长、博大精深，在中华民族悠久的历史长河中发挥着不可替代的作用。竹子与梅、兰、菊被统称为“四君子”，长期以来在民众的教育、引导、激励、示范等方面发挥着积极的作用。新的历史时期，进一步丰富和弘扬竹子精神，探讨竹子精神对高校的育人价值，意义深远。

一、“比德”思想概述

在进行伦理思考、构建伦理学说时，我国古代贤哲常择取具体可感的物象，以喻示、象征伦理观念、人格思想、价值观念与情感（何明和廖国强，2007）。先秦时代，以山水风物拟人比德是十分普遍的现象。这种文化现象，在中华历史典籍《易经》《诗经》《道德经》《论语》等著作中均有笔墨。春秋时期，孔子在自然的“比德”观照方面论述较多，影响也最大，如提出了著名的“知者乐水，仁者乐山”的思想，把自然物作为人的道德属性的象征，被公认是“比德”说的代表（倪武业，2009）。如果要给“比德”下个定义的话，那就是通过象征、联想、类比、暗示等方式，以外在的、客观的、具象的自然之物及其特征与人的内在的、主观的、抽象的精神品格相比，从而赋予人的主观德行以具体可感的外在形式，由此阐明人之品格与自然事物在精神实质上的互通共感（孙德玉和许露，2015）。战国和汉代学者对“比德”思想进行了解释和发挥，从而使“比德”思维成为中国传统文化中不可或缺的思维方式，成为中国历史上源远流长的文化现象，充分体现了中华民族的智慧。当代学者对传统“比德”思想的研究也是兴趣依然，主要聚焦在“比德”思想的发展及应用价值方面，展现出“比德”思想强大的生命力和历史穿透力。

二、基于“比德”思想之竹子精神探析的三个维度

（一）问题与效用的维度

基于时代发展的新问题，给出新思想新方案，从而解决面临的问题，体现新时期竹子精神的价值，是竹子精神探析需要思考的问题。也就是说，竹子精神探析需要结合当代社会的时代特征，正所谓“文章合为时而著，歌诗合为事而作”，体现时代精神和当代价值，服务新时期社会发展，滋养新时期人们的思想。

走进竹的世界，了解竹文化，思考竹文化，感受竹文化，领略竹文化的博大精深，体悟竹的品格，从中启迪我们的思想和智慧，深刻体会竹子精神强大的生命力、穿透力和感召力。细细品味、静心思索，不仅会追问竹的精神何以有如此强大的力量？重要的原因在于竹的精神在变化的社会环境下为中华民族提供了持续的精神滋养，丰富了精神世界，契合人们的心灵之需，体现出其珍贵的价值。

（二）传承与发展的维度

传承是前提和基础，发展是传承的必然和结果，只有更好地传承才能有更好的发展。竹的精神文化本身是一个不断积淀、不断丰富的过程。我们的先祖在漫长的生产生活实践中，根据变化了的环境，不断给竹文化和竹的精神注入新的元素，赋予新的活力。竹文化的力量源于与时俱进、不断地吸取优秀的思想成果，源于竹文化保守基础上的不断创新。过去的思想对于当下来讲已成为传统，现在的新思想在未来也将意味着传统。

从辩证唯物主义角度看，物质决定意识。一方面，随着科学技术的发展，对竹子的研究越来越深入，竹子的应用越来越广泛，对竹子本身有了

新的认识和了解，如竹林强大的碳汇功能等。这些认识和研究为新时期竹子精神的丰富和发展奠定了物质基础；另一方面，随着社会的发展，文化越来越受到关注，已成为影响国家核心竞争力的重要因素。进入新时期，党和国家十分重视文化建设，特别是党的十八大以来，将文化建设提升到一个新的高度。中华传统文化的传承和发展成为时代的课题。在这样的背景下，新时期竹子精神的丰富和发展适逢其时。

（三）基础与方法的维度

中华“比德”思想历史悠久，是中华文化璀璨的明珠，蕴含着独特的中华智慧。“比德”思维是中华儿女习惯的思考和审美方式，深入人心，家喻户晓。“比德”思想过去在竹文化发展过程中发挥着巨大作用，现在和将来也必将继续发挥其独特作用。在新时期竹子精神探析过程中，应充分吸收和发挥“比德”思想的精髓，分析和借鉴“比德”思想在文化发展、呈现、积淀过程中的内在机制，使新时期竹子精神同样焕发光彩。

三、“比德”语境中竹子精神的探析

（一）竹子的品格

中华民族对竹的理解和喜爱是深刻和持久的，是渗入中华文化基因深处的，蕴含着中华民族的深厚感情和独特的智慧。中国人爱竹一方面是竹的物质产品丰富了人们的吃穿住行；另一方面是竹的形态之美给人们美的享受。但更重要的是竹寄托了人的思想和情感，是借景抒情、托物言志的理想载体，被赋予了特定的人格意义和君子形象。据考证，早在春秋时代，竹即开始人格化。《诗经·卫风·淇奥》用竹比卫武公之德，可视为竹人格化之始。此后，竹的人格化及“比德”思想进一步发展。如王徽之称竹为此君，明朝安徽徽州文人黄凤池曾辑《梅竹兰菊四谱》，以四种植物品性标榜君子清高的品德，得世人共识，此后竹、兰、菊、梅被统称为“四君子”。中国古代贤哲争相与竹为邻，与竹为友，咏竹、绘竹，抒发心境、阐释理想，竹俨然成为贤哲的知己和另一个自我。这种现象在中华传统文化宝库中随处可见，成为一道靓丽的风景线。

竹，其色翠绿，四季常青，清淡素雅，无横生枝蔓，造型简劲舒朗，秀丽挺拔，亭亭直立，中空有节，傲雪凌霜……竹的生物学特性和形态特征既符合中华传统儒家所表达的人格理想正直、坚贞的“浩然之气”，又契合道家所倡导的“自然”“无为”的思想（何明和廖国强，2007）。中华传统文化的理想人格在竹这种植物上得到了完美的体现，融合了儒家和道家思想。尝试整理竹的传统品格，虚心、有节、持贞、纯洁、淡泊名利等关键词常被文人学者所称道，对中华传统伦理思想产生了深远的影响，成为中华传统美德的重要组成部分。

竹的传统品格也像竹子本身一样与中华儿女形影相随，潜移默化中滋润着思想、行为，深刻地影响了国人的世界观、人生观和价值观，为中华民族注入了强大而持久的精神动力，在新的时期依然发挥着不可替代的作用。

（二）竹子的精神

1. 竹之生态精神

竹类植物种类繁多，全世界有 70～80 属 1 000 多种，其中中国是世界上竹类最为丰富的国家之一，有 40 属 400 余种（黄盛林，2004），体现了生态多元的思想。与树木相比，竹子具有一次成林、生长迅速且成材周期短、生产力高等优点，被称为我国的“第二森林”。其投入少，产出效率高，可永续经营，可持续利用，契合生态价值。笋用林、用材林、生态林等功能性竹林能否发挥其最高效益，需充分控制竹林中竹笋及各生长周期成竹的数量、比例，这与生态位思想有相似之处。竹全身是宝，具有多重价值，体现了综合利用的思想。据研究，竹子在吸收 CO_2、净化空气、固土、涵养水源等方面功能显著，具有优良的生态功能。从竹子生物特性及应用价值方面分析，竹子充分体现了生态的要求，契合生态思想，与绿色发展理念高度契合。

2. 竹之创新创业精神

丰富多样的竹产品充分展示了竹的创新精神。竹变化万千，竹产品令人目不暇接。在日常生活、文化艺术、工程建筑、环境卫生、医学科学等领域，竹产品比比皆是，如竹筷、竹笛、竹建筑、竹家具、竹炭等。竹的创业精神首先体现在其广袤的分布空间上。竹起源于热带，但其有很强的适应性，从热带至温带都有分布，从平原到高山均能生长。长期以来，亚洲和南美洲被认为是竹类的两个起源中心，然世界上除欧洲无天然竹种外，其余各大洲均有自然分布（黄盛林，2004）。我国竹资源分布广泛，在秦岭、淮河流域以南的广大地区均有不同面积的分布。竹的创业精神还体现在其竹产业发展上。竹产业已成为林业建设中异军突起、最具生命力的新兴产业，被称为我国现代林业的四大朝阳产业之一，也是我国十大林业重点发展产业之一（杨开良，2013）。

3. 竹之团结协作精神

竹之团结协作精神家喻户晓。自然界中的竹常以竹林、竹丛等群体的形象展现在世人面前。如浙江安吉的竹海，成片的竹林绵延在大山间，那纯粹的绿和传递出的那份宁静，给人以清新爽朗的美好体验。就是作为竹景观点缀在房前屋后的竹也必定以竹丛的形式展现。这是我们能直接看到的以群体形式展现的竹。我们看不到的竹的地下部分，更有另一番景象，地下竹鞭常连成一体，你中有我，我中有你，俨然一个竹的大家庭。竹展示的是竹团队的形象，每个竹成员为团队贡献力量。竹的团结协作精神是内外一致、表里如一的。

4. 竹之奉献精神

竹的整个生命周期都在默默地奉献，竹笋是人们喜爱的菜肴，富含微量元素，对人类健康有益。竹林有着强大的生态功能，帮助净化空气，改善环境。竹景观秀丽雅致，帮助人们改善居住环境、营造诗意的栖居之所。采伐的竹制成的各种产品更是为人们的生活提供帮助，就连烧成的竹炭其价值也是不可小觑。竹的一生及一身都在践行奉献的崇高品质。

5. 竹之敬业乐群精神

竹子四季常绿，竹林郁郁葱葱，不管刮风下雨、冰霜寒天，一年四季都以自己充满生命活力的绿色装点世界，以清新脱俗、俊秀优雅的姿态带给人美的享受，同时发挥着其强大的生态功能。竹子应是具敬业精神的优秀代表。竹子乐群体现在竹几乎很少以个体形式呈现，总是与其伙伴亲密无间。竹的乐群还体现在与传统民居相随相伴，也可与现代建筑进行完美的结合，相得益彰。

四、“比德”视阈下竹子精神的高校育人价值

（一）竹子精神与大学生传统文化素养养成

竹子是君子的象征，其传统品格突出君子的品行要求和价值取向，树立的是君子标杆和楷模，兼具儒家和道家思想，蕴含着浓厚的传统文化底蕴，可谓博大精神。高校大学生传统文化素养养成是高校教育的重要组成部分，是大学生成长成才的重要环节，是实现高等教育目标的有力保障，其地位和作用日益显现。竹子的君子形象在中华大地家喻户晓，为学生传统文化素养培养提供了直接而鲜活的教材，拓展了教育内容，丰富了教育形式，对于学生培养有着很强的示范和引导作用。

（二）竹子精神与大学生价值观塑造

大学生思维活跃，有理想和激情，渴望实现自身价值。然而，在实现自我价值过程中，有时过多关注个人价值，不能很好地处理个人价值与社会价值的统一关系，进而迷茫。竹身上很好地展现了“自我价值”和“社会价值”的统一。竹整个生命周期都在奉献，最终赢得的是广泛的赞誉，同时也使得竹这个物种得以持续繁衍。竹子的奉献精神为学生的价值观塑造提供了现实的借鉴。

（三）竹子精神与大学生社会责任感培养

社会责任感培养是大学生德育的重要组成部分，培养有责任、有担当、有格局的有为青年意义重大。因此，高校教育中必须努力提升大学生社会责任感，真正培养造就社会主义合格的建设者和可靠的接班人。竹子展现的生态精神体现了对自然、对人类发展命运的一种关怀和行动，是一种崇高的社会担当。而竹子展现的敬业精神则体现了对岗位、事业和他人的一种责任。这两种精神为大学生社会责任感培养提供了现实的样本。

（四）竹子精神与大学生共享理念培养

当代大学生成长环境和条件较以往相对优越，而且很多是家里的独生子女，部分学生对共享的理念理解相对欠缺。然而当今社会，互利共赢、双赢或者多赢已成为共识，成为社会行动的一种模式。随着科技的进步和发展，社会分工越来越精细、学科交叉越来越明显，团结协作已成为我们应对挑战、取得新进展的有力武器，而共享是团结协作模式持续良性运行

的重要保障。竹子团结协作精神、乐群精神有助于大学生共享理念的培养。

（五）竹子精神与大学生创新创业精神培养

2014 年夏季，在达沃斯论坛上李克强总理首次提出了“大众创业、万众创新”的观点，引起了全社会的高度关注。创新创业教育也成为高等教育关注的热点。青年大学生是创新创业的活跃群体，培养大学生创新创业精神对于推进“大众创业、万众创新”有着积极的意义。竹子展现的创新创业精神对于激发大学生创新创业意识，提升创新创业精神有着潜移默化的作用。

五、结语

“比德”思想充分体现了中华民族的智慧，也是中华民族独特的思维方式，塑造了竹的品格和精神，进而使竹成为教育的载体成为可能且具有积极的教育意义。竹子精神为高校教育提供了具象的可感知的生动案例，在学生培养方面有更多的潜力等待进一步挖掘和探讨。

第五节　论创业型大学学生工作的挑战及回应

创业型大学兴起于 20 世纪中叶，20 世纪末期以来，对创业型大学的实践和研究，逐步成为世界高等教育领域的一个热点问题（宣勇和张鹏，2012；邹晓东和陈汉聪，2011）。到 21 世纪初期，国内有一批高校开始向创业型大学迈进。近年来，随着创新型国家的提出和高等教育的发展，创业型大学建设越来越受到大家的关注。创业型大学已经不再是新鲜的学术概念，而是一种具有坚实的实践基础、其内涵越来越丰富的新兴大学形态，其组织目标、组织构成、运行机制、组织文化等与以往大学相比，有其本身的特性。学生工作是高等学校一项重要的工作，在大学整个组织发生变革的过程中，作为组织的一个部分，学生工作无疑也需重新审视和梳理，以适应组织的变革，促进大学的成长和发展。目前，创业型大学的研究和论述多集中在学校一级层面，对于高校各子系统的论述不多，笔者认为，在创业型大学建设背景下对学生工作的基本问题开展研究和讨论，有助于创业型大学的建设和人才培养。

一、创业型大学学生培养特性

创业型大学在人才培养上更加注重创业精神和创业能力的培养。有学者将创业型大学的基本内涵概括为以培养创业型人才为基本任务，如斯科特（Schulte）就认为一所创业型大学必须训练未来的企业家，使他们可以建立自己的事业并具有创业的精神，其次建立孵化器、技术园并使学生参与其中，通过这些机构帮助学生和毕业生成就事业（吴伟等，2011）。因此，在学生培养过程中必须有一系列与创业型人才培养相匹配的理念、制度、措施的调整和改革，笔者认为创业型大学生的人才培养应更加强调以下几个特性。

1. 开放性

首先，从高校的培养资源来看，需要面向社会，开放办学。从美国等发达国家的创业型人才培养的做法来看，他们有完善的创业课程体系、高素质的创业师资队伍、灵活多样的创业教学方法、多元化的创业资金保障等（刘碧强，2012），通过系统的建设促进创业型人才培养。从国内大学自身来看，在创业课程体系、高素质的创业师资队伍等方面存在瓶颈，特别是高素质的创业师资队伍尤显不足。但是，创业型人才培养本身必须推进，因此面向社会，整合社会资源，是高校推进创业型人才培养的一个很好的选项。

其次，从创业型人才成长规律及实践来看需要开放。创业型人才，需要具有创业素质，善于发现机会，并通过积极努力以抓住机会实现目标。这其中创业素质的培养和锻炼、对于机会的判断和捕捉以及创业耐力的培养等，在封闭的培养模式下是很难做到的。

2. 实践性

创业型人才培养从宏观的层面来看，笔者认为应包含三个维度，即创业精神、创业素质和创业能力。这三者之中，或许创业精神可以通过课堂传授、校园文化熏陶得到培养。然而，创业素质和创业能力则更多是通过创业活动和创业实践获得，所谓实践出真知。2012年4月，中宣部、教育部等部门联合下发了《关于进一步加强高校实践育人工作的若干意见》，其中强调，要“加强大学生创新创业教育，支持学生开展研究性学习、创新性实验、创业计划和创业模拟活动”。美国、德国、英国等发达国家的创业型人才培养的经验也给予我们启示，要重视创业实践的训练和培养。

3. 自觉性

自觉性是指个体自觉自愿地执行或追求整体长远目标任务的程度，其外在表现为热情、兴趣等，内在表现为责任心、职责意识等。创业型大学人才培养的自觉性，笔者觉得包含学校、学生群体和学生个体三个层面。从学校的层面来说，培养创业型人才应当成为全校教师员工的最大共识，并为之积极奋斗。从学生群体来讲，创业型人才是所有学生共同的价值观，并为之不懈努力。从学生个体来讲，成为创业型人才是个人内心的向往和努力方向，追求的是一种个人对他人、对社会的积极贡献，实现自身价值的最大化。换个角度来说，在创业型大学，创业型人才培养应该成为一所大学所有师生员工的价值追求和共同理想，凝成的是一种校园文化。

二、创业型大学学生培养对学生工作的挑战

1. 学生价值观的挑战

创业型大学相对于传统大学而言，其市场取向更加明显，商业文化不可避免地成为创业型大学最受瞩目的外显特征，而所谓商业文化是一种基于买卖关系，追求最大利润的文化（宣勇和付八军，2013）。在市场经济不断推进、国际化日益扩大、信息网络日益普及的今天，大学生受到西方文化思潮和价值观念的冲击，部分学生价值观扭曲，拜金主义、功利主义、个人主义等在部分学生中有不同程度的体现。2004年，中共中央、国务院《关于进一步加强和改进大学生思想政治教育的意见》指出，“一些大学生不同程度地存在政治信仰迷茫、理想信念模糊、价值取向扭曲……问题。”在这样的环境下，如果没有对学生加以正确的引导，必将对学生的价值观产生进一步的冲击。

2. 学生考核评价的挑战

对学生的考核评价是学校无法回避的问题，而且也是一个非常重要的

问题，因为考核评价是一个育人导向问题。对学生的考核评价标准问题是随着时代的变迁、社会环境的变化、人才培养的要求等发生变化的。新中国成立后，对于学生要求“又红又专”，后来要求“德智体美劳”全面发展，进入21世纪，要求学生具有团结协作精神、创新精神等，那么创业型大学对学生的考核评价标准又是什么呢？笔者认为，传统的考核评价显然无法适应创业型人才的培养。学生工作者显然不能以原先传统的标准和思维来评价学生。而且这个评价标准在创业型大学创建过程中显得非常迫切，因为不及时调整，学生可能无法适从，很有可能产生价值混乱。

3. 学生安全管控的挑战

学生安全稳定是高校人才培养的基础，也是学生工作的重要内容。笔者在前面论述到创业型人才培养需要开放和实践，不同于以往“象牙塔”式的培养。学生需要通过各种渠道，利用好校内外资源，通过实践，整合知识、应用知识，培养自身创新精神和创业能力。这种开放和实践，很大程度上增加了学生的安全风险。这种风险一方面来源于开放和实践本身的安全风险，如外出安全、交往安全风险等；另一方面来自开放和实践引发的风险，主要指创业实践过程中财务风险、心理风险等。这些安全风险相对于传统大学的学生管理，有些是在原来基础上放大的，有些则是新增加的。无论是放大的还是新增加的，都对学生安全管控提出了新的挑战。

4. 学生多元诉求的挑战

在社会层面，随着社会主义市场经济的深入发展，多元利益格局逐渐形成并呈现多元的利益诉求（张明军和冀天，2013）。在高等教育领域，自我国从1999年开始高等教育大发展以来，高等教育毛入学率发生了深刻的变化，2003年国家高等教育进入大众化，2012年高等教育毛入学率达30%，2019年高等教育毛入学率达到51.6%，正式迈入高等教育普及化发展阶段。2021年毛入学率又进一步提升到57.8%。随着高等教育毛入学率的变化，高校学生成分也发生了深刻的变化，高等教育走入了社会的中心。从这个宏观层面讲，高校学生多元诉求是必然的。在创业型大学，与传统大学相比，这种多元诉求将表现得更加显性、更加现实、更加立体。因为，首先创业型大学这个命题本身提出的一个背景就是高校为适应社会作出的一种自身发展方式的调整，是高校一级组织的发展策略，是一种变革，变革就会有利益调整，有利益调整必然会产生不同的诉求。其次，创业型大学创业型人才培养过程中，学生群体本身会衍生不同的利益诉求。根据社会学的观点，一个稳定的社会运行机制主要包含两个方面，即动力机制和平衡机制。前者，为社会的运动、发展、变化提供和传输着能量；后者，则维护和保持着社会各阶层及各种力量之间的协调、稳定、平衡。如果各阶层的利益能够得到有效诉求，便会为社会正常运转提供源源不断的动力，反之，社会不仅会丧失生机，还会出现失衡危机（黄天柱，2006）。高校的学生管理也一样，如果多元利益诉求处理不好，学生管理将会失衡。

三、创业型大学的学生工作回应

（一）工作理念的转向

树立开放和包容的学生工作理念。开放和包容是一对孪生兄弟，开放必然伴随着很多新思想、新现象乃至新问题出现。这些“新”用什么样的眼光、什么样的态度去对待？是用传统的思维去拒绝、一味地去否定，还是用积极的心态去对待？显然，如果用传统的习惯思维和方法去处理，开放不可能进行。开放必须与孪生兄弟即“包容”同在。目前，创业型大学虽然不是什么新鲜的概念，但与传统的大学组织结构、培养目标等相比，有其鲜明的特色。因此，创业型大学的学生工作理念也应作出调整，要树立开放和包容的理念。对于学生需要培养基本的“同”的同时，更多地要转向“异”，发现他们个体的潜质和能力，培养他们的创新创业意识和创业能力。对于学生的一些想法和举动，不能轻易地打压，要本着开放和包容的理念，相互分析，共同探讨。

（二）工作模式的转向

从分散的单兵作战到协同配合的转向。创业型大学人才培养过程中，学生工作者除了做好思想政治教育等基本工作外，更需围绕创业型人才培养做相应的文化营造、学生辅导等工作，同时需要应对学生创业过程中可能会引发的心理、学业、资金等问题。也就是说，创业型大学建设一方面给学生工作内容增加了新的内容和元素；另一方面，也给学生工作提出了新的更“专业性”的要求。然而，对于一所高校，学生工作者是有一定的比例控制的，还是那些人，怎么办？协同是一个很好的选择。学院内部辅导员协同，学院与学院的协同，学校范围内的协同，以及学生工作与教学工作的协同。在协同的基础上，建立专业性的学生工作者团队，应对不同类型的问题，使学生工作更具专业化。

（三）工作思维的转向

从重直接管控到重管控与重规则重程序并行的转向。一直以来，学生工作主要侧重在直接管控方面，对于规则和程序的建立进而发挥两者在学生教育管理中的作用的认识不够、措施不全。随着高等教育的推进，社会法制化进程的加快，传统学生管理越来越显得力不从心。学生工作者也越来越觉得自己是学生的“保姆”，而且有时候觉得这个“保姆”当得很不顺，受到学生的排斥，更有甚者有个别学生将学校教育管理方面的问题诉至于法院。这到底是哪里出了问题？学生工作者必须反思。这些问题是目前很多高校学生教育管理过程中碰到的共性的问题。而创业型大学学生管理过程中，会有哪些新的不同的问题？笔者觉得，创业型大学学生教育管理中这些共性的问题可能会变得更加突出，比如说安全问题，从传统的管理思维看，学生工作者肯定会希望学生尽量在学校，而创业型人才培养需要更多地与社会交流，这本身又是一种矛盾。如何破解这些矛盾，笔者觉得应在法律法规的基础上，建立管理规则和管理程序，按照规则和程序来开展工作显得迫切和现实。在具体实施过程中，笔者认为有四个工作层面。第一个层面，充分告知学生学校的管理规则和管理程序。第二个层面，应当将这种规则和程序告知家长，争取家长的认同和理解。第三个层面，学校在不同阶段，强化学校教育和管理的义务，开展专项的教育活动。第四个层面，学生工作的主要精力要投放到学生成长的引导和服务上面，加强与学生平等的对话。

第六节　创业型人才培养的逻辑建构及路径

本节以中药专业为例进行讨论。

中药产业是我国拥有自主知识产权、具有原创科技资源的少数产业之一。在席卷全球的新冠肺炎疫情防控中，中药发挥了独特的作用，再次提升了中药国际信任度，增强了民族自信，为中药产业发展提供了新的契机。然而中药产业在现代化、国际化推进过程中逐渐暴露出了中医药高层次人才缺乏、人才培养与企业需求不对接等问题，影响了中药产业的发展和国际竞争力（戈振凯等，2020）。这些问题很多直指人才培养，对中药专业人才培养提出了要求。如何对接产业发展需求、改革人才培养模式，为中药产业转型升级、提升竞争力提供人才支撑是新时期中药类专业人才培养必须回答的课题。笔者认为以创业型人才为培养目标推进中药专业人才培养改革，进一步提升人才培养水平和质量，更好服务中药产业发展是一条有意义的路径。

一、内涵与特质：中药专业创业型人才培养的逻辑起点

（一）创业与创业型人才

讨论中药创业型人才培养，离不开对创业的考察。创业一词在我国起源较早，如诸葛亮《出师表》中有“先帝创业未半而中道崩殂”，其创业一词有开创的事业等含义（赵鹤，2015）。目前，学术界对“创业”没有统一的定义，如美国创业学大师杰弗里·蒂蒙斯在其著作《创业学》一书中认为创业是一种思考、推理和行动的方法，它不仅要受机会的制约，还要求创业者有完整缜密的实施方法和讲求高度平衡技巧的领导艺术；国内学者黄兆信等认为，创业的根本特征就是强烈的冒险精神、探索意志、运用多种资源匹配途径解决现实之中的不确定性并创造新的社会价值的过程（黄兆信和王志强，2017）。虽然学者对创业理解的角度和侧重点不同，但普遍认为“创业”有广义和狭义之分，狭义上理解的“创业”专指在经济领域创办企业的过程，而广义上理解的“创业”，是指创业者创立事业的过程（肖红伟，2009）。在高等教育人才培养领域，笔者更倾向广义的创业概念，包括立足自身岗位创业，强调创业精神和创业潜质的培养。

考察了创业的基本内涵，对于创业型人才的理解就相对容易了。刘碧强（2014）认为创业型人才是指具备丰富的创业知识、优异的创业能力，善于发现、捕捉、追踪、利用商业机会，通过创造性生产或经营活动，优化资源配置，将创造性想法和观点演化为切实的商业行动，进而

获取经济效益和社会效益的人员，强调了经商办企业的目标；肖红伟（2009）认为创业型人才不等同于创业人才，创业人才是指已经在从事创业的人，而创业型人才是潜在的创业人才，区分了创业型人才培养的过程和结果；孙纬业（2010）认为我国高校既面临培养企业家的任务，还需具备知识经济与社会所需的创业态度、行为和技能，因此，创业型人才培养目标应是广义和狭义创业定义的结合。在高校人才培养方面，笔者认为创业型人才培养目标应是狭义与广义的结合，就是通过各种教育教学手段培养未来的创业者，强调对学生创业潜能的激发和培养，帮助学生和毕业生成就事业。

（二）中药专业创业型人才培养的目标、特质及内涵

综上分析，中药专业创业型人才指的是掌握中药及中药相关基本理论、基本知识、基本技能并在中药领域具有创业潜质的高级复合型人才。相比较于传统的中药专业人才培养，主要有以下不同：首先在办学思想理念上，强调学校与政府、社会的互动，突出办学的责任使命，体现在回应产业发展需求的自觉性、主动性，对经济社会发展的适应性、契合度、引领力和推动力，更加强调中药专业特色和生态位，实现差异化发展；在培养目标上，更加强调培养对象的可持续发展能力，突出学生的责任意识、抱负水平、创业精神、创业技能等综合素质的提升，培养潜在的未来创业者；在培养策略上，强调创业教育与专业教育的融合，突出培养目标对人才培养的引领和激励，体现鲜明的人才培养辨识度，通过设定培养目标来系统推进教育理念转变和教育教学各项改革任务落地。综合考察学者对创业型人才的辨析和中药产业发展的现实和未来，笔者认为中药专业创业型人才应该在以下五个方面具有鲜明的辨识度：一是掌握中药专业必备的基本知识、理论和技能，体现创业型人才的专业属性；二是了解和掌握创业基本知识，有创业实践（模拟创业）经历，对创业有感悟、有梦想，体现人才的创业特性；三是具有鲜明的问题意识、强烈的责任感和远大的抱负，体现人才的创业价值观；四是具有发现机会、整合资源、即知即行的识别力、组织力和执行力，体现人才的创业潜能；五是具备良好的身体心理素质，具有较强的抗压抗挫能力，体现人才的创业气质。

二、问题与需求：中药专业创业型人才培养的价值逻辑

随着经济社会发展，高等教育的地位和作用越来越凸显，大学也在与社会和产业的互动中实现了更好发展。关注和服务社会需求、产业发展已成为大学的一种自觉。在不同的发展阶段，高校人才培养也应适应乃至引领社会和产业的发展。

（一）经济社会发展呼唤创业型人才

美国创业教育和研究的领袖杰弗里·蒂蒙斯在《创业学》一书中写道："我们已经进入了21世纪，新千年已经展示为一个崭新的'创业时代'……创业已经成为美国的秘密经济武器和公共政策辩论中新的中心议题。"创业活动越来越成为推动社会发展，促进国家财富增长的重要力量（黄兆信和宋兆辉，2011）。党和国家高度重视创新创业工作，国务院在2015—2018年连续出台了《关于大力推进大众创业万众创新若干政策措施的意见》《关于强化实施创新驱动发展战略 进一步推进大众创业万众创新深入发展的意见》《关于推动创新创业高质量发展 打造"双创"升级版的意见》，持续推进创新创业。综上分析，当前，国内外对创业在推动经济社会发展的重大作用等方面都有普遍共识，均予以高度重视，寄予期望。然创业的最后落脚点还是要靠具体的人去实施，因此能否培养和造就一大批创业型人才就成了创新创业能否有效推进和取得实效的重要因素。

（二）创业型人才培养仍有差距

欧洲和美国在创业教育方面起步较早，早在1947年，体现创业教育理念的课程就已经在美国高校中出现（宣勇，2014），20世纪中后期，创业型大学在英国和美国等国家兴起，创业型人才培养模式应运而生（刘碧强，2014），经过几十年发展，欧美国家在创业型人才培养方面积累了经验。当前，国际创业教育呈现战略化、全球化、终身化、全民化、系统化的新趋势（徐小洲等，2017）。我国高校创业型人才培养起步相对较晚，1997年教育部指导部分高校开始对创业教育进行探索。经过二十余年的探索，高校在创业教育和创业型人才培养方面取得了一定的成绩，但目前高校创业型人才培养还不能很好适应经济社会发展需

求，在认知基础、机制保障、实际操作等层面存在不足（姚凯等，2020）。从认识层面看，还未能深刻认识创业型人才培养的内涵、实质和重大意义，在机制保障层面还缺少系统的设计和刚性的约束，在实际落地方面还存在诸多资源不足等短板。改革传统中药人才培养目标、模式依然需要创新和探索。

（三）中药产业创业潜力巨大

一是从战略层面看，党和国家高度重视中医药产业发展，为中药创业指明了方向、坚定了信心。党的十八大以来，习近平总书记多次对中医药发展作出重要指示。2019 年 10 月，习近平总书记对中医药工作又作出重要指示，强调推动中医药事业和产业高质量发展，推动中医药走向世界，充分发挥中医药防病治病的独特优势和作用，为建设健康中国、实现中华民族伟大复兴的中国梦贡献力量。国家在法律法规政策等层面出台了《中医药发展战略规划纲要（2016—2030 年）》《中医药法》《关于促进中医药传承创新发展的意见》等，为中医药发展作了战略安排和法律制度保障。二是中药产业创业前景广阔。随着屠呦呦发现青蒿素获得诺贝尔生理学或医学奖和中医药在新冠肺炎疫情防控中的独特疗效，中医药更加受到国内外的关注和重视，世界对中医药需求也不断增长（张伯礼等，2017）。三是从中药本身来讲，我国中药资源丰富，根据第三次全国中药资源普查结果，我国中药资源种类达 12 807 种（张小波等，2014），为中药创业奠定了丰厚的物质基础。每种中药存在巨大的开发潜力，蕴藏着产业，如铁皮石斛，随着产业化关键科学技术问题的解决，铁皮石斛产业从无到有，形成百亿元级产业（斯金平等，2017）。四是中药产业创业范围广泛。中药产业链包括了中药材种植业、中药饮片加工业、中成药制造业和中药流通业四个主体环节（程蒙等，2020），涵盖了农业、工业、商业等产业，为中药产业创业提供了多种选择和途径。五是现阶段中药产业振兴发展面临诸多挑战，其间蕴含着无限的创业机会。近年来，我国中医药事业步入了发展的快车道，但是中医药发展也遇到了一些挑战，如中药大健康产业发展面临诸如产业链存在薄弱环节、产品国际竞争力薄弱等问题（张伯礼等，2017），这些问题与挑战为创业提供了广阔的空间。

三、路径与方法：中药专业创业型人才培养的实践逻辑

中药专业创业型人才培养是一项系统工程，涉及办学思想理念更新、教育教学改革、师资保障、课程设置调整等，需要加强顶层设计，整合挖掘培养资源，合力推进创业型人才培养落地。

（一）理念先导，更新观念

我国高等教育领域对于创业型人才培养的实践起步较晚，从在高校内部推进历程来看，一开始主体主要由学生工作部门牵头，往往通过组织参加创业大赛等二三课堂推进创业型人才培养，因此给一些部门和教师留下了创业型人才培养是学生工作的认识误区。随着国家“双创”战略的推进，中医药院校对创业型人才培养越来越重视，进行了积极的探索和实践，取得了一定的成效，对中医药创业型人才培养的研究整体上也呈上升趋势。但从整体上看，在高等教育人才培养领域，对创业型人才培养的内涵、本质、价值在认识层面还存在一定的不足，观念滞后影响创业型人才培养。具体主要表现在三个方面，一是未能充分认识专业教育与专业创业型人才培养之间的内在联系，认为创业型人才就是经商办企业者，擅长此类人才培养的是金融类相关专业，基于此，创业型人才培养应主要是经济学院、商学院的工作，这与当前融于专业的创业型人才培养的趋势不相合；二是对创业型人才与创业人才的理解在一定程度上存在偏差，从社会群体中企业家数量占比相对较少的现象得出创业属少数群体的判断，从而认为创业型人才培养的对象是针对个别群体，而不是所有专业学生；三是习惯性地把创业型人才培养的过程等同于就业的结果，往往在学生就业方式选择创业后才认为他或她是个创业型人才，也就是说最后选择创业了那就是创业型人才，忽视了创业型人才在高等教育领域更强调培养的过程。因此，培养中药专业创业型人才首先需要破除传统观念，更新理念，充分认识到创业型人才培养是教育思想和人才培养理念的变革，是教育教学改革的手段，其强调人才培养的责任使命，关注学生综合素质全面提升和价值实现。

（二）明确目标定位，强化制度保障

更新理念是第一步，能否将理念真正落实，还需要在人才培养目标定

位上予以明确。目标定位是人才培养的火车头，关系培养什么样的人的基础性问题，具有鲜明的导向和引领作用。笔者认为对于创业型人才培养目标定位的具体阐述有三种策略可以借鉴。一是聚焦式阐述，即将人才培养特征表述聚焦为“创业型人才”；二是复合式阐述，即将创业与其他人才培养特征词汇组合，如“创新创业型人才”之类的表述；最后一种方式就是内涵式表示，即不直接表述创业型人才，但创业型人才的核心特质内含在人才培养定位表述之中，如具有开拓精神、创业精神等。培养创业型人才既是一种理念，又是一项具体的教育教学实践，需要在制度上予以保障，避免培养只停留在口号和想象里。笔者认为要在两项制度里予以重点安排和关注，一是要在人才培养方案中予以体现和落实，二是要改革师生评价机制，前者涉及怎么培养的问题，后者涉及评价培养的怎么样的问题。

（三）转型重构，实现育人合力

创业型人才培养从理论和实践来看，都需要整合外部资源和力量，实现内外联动协同。笔者认为在联动协同过程中，应坚持立足校内资源整合和挖掘为主、外部资源辅助的培养策略，通过对校内资源进行转型和重构，充分释放创业型人才培养内生潜力。一是推进教师转型。培养创业型人才教师是关键，然而当前创业型师资欠缺是制约创业型人才培养的重要因素。推进教师向创业型师资转型不仅是创业型人才培养的现实需要，也是引导教师更加注重和解决社会产业一线现实问题的有效途径，对于增强教师科研选题能力、提升学术水平、提高科研成果转化率，进而促进教师职业生涯发展有着积极的作用。二是推进课程转型，实现创业课程与课程创业联动。培养创业型人才，课程发挥着主渠道的作用。在强调创业课程在创业型人才培养中的专门作用的同时，各类课程都应内含“创业味”，特别是中药专业类课程，教师更应关注课程与产业发展的相关内容，包括现状、问题、趋势、机会等，引导学生关注问题，激发社会责任感，提升创业意识和创业精神。三是构建师生创业共同体，丰富创业实践机会。目前高校学生创业实践往往通过参加创业大赛、现场观摩企业运营等方式进行，在创业型人才培养中发挥了积极的作用，但同时存在参与人数受限、持续性不够等问题。随着国家创新驱动战略的实施，高校教师学术创业引起了政府和学界的重视和关注。国家在政策层面积极鼓励高校和科研人员投身创新创业，发挥自身优势，推进大众创业、万众创新，如“鼓励科技人员……有梦想、有意愿、有能力的群体更多投身创新创业”“加强科研机构、高校、企业、创客等主体协同”等。构建师生创业共同体，一方面有助于教师构建自身创业团队、提升运转效率；另一方面为创业型人才培养提供了无缝对接的创业实践通道。

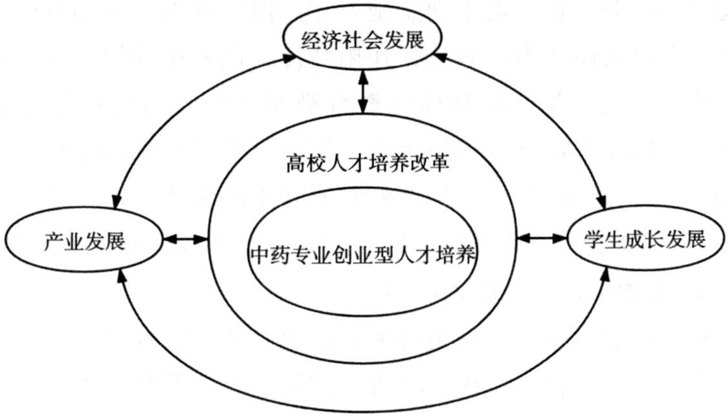

中药专业创业型人才培养逻辑示意

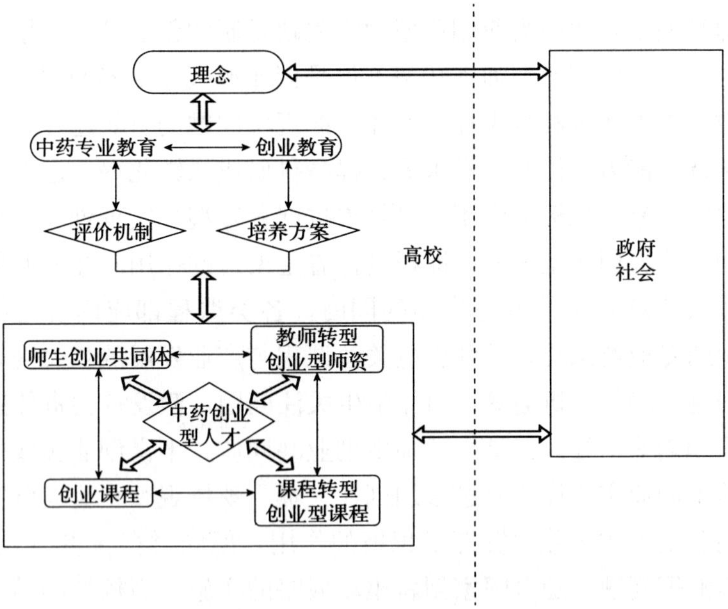

中药专业创业型人才培养路径示意

第七节 基于学生主体实践的自我反思教育

一、基于学生主体实践的自我反思教育的提出

（一）当代大学生的现实特点

随着我国高等教育的大发展，高等教育进入了普及化阶段。当代的大学生虽不再有天之骄子的绚丽光环，但他们还是同龄人中的佼佼者。同时，在高等教育大发展的 20 余年中，我国的社会环境发生了深刻的变化。在这种转变和发展过程中，当代大学生也呈现了新的特点。

1. 更具思想且思维呈多样化

如今的大学生，大多是独生子女，家长更容易倾听和容忍学生思想的表达，培养了学生思想的能力。同时，当今社会是一个信息开放的社会，又是一个快速发展变化的社会，新的信息、新的思想、新的事物不断涌现，学生能够接触和了解大量的信息，打破了传统教育过程中教育者是拥有信息唯一一方的不均衡局面。这样的社会环境，一方面为当代大学生提供了充分想象的元素和空间；另一方面也使不同的学生个体呈现的思维更加多样化。因此，从普遍的意义上来看，当代大学生更有思想；从个体比较来看，他们有各自的特点，思维的多样化更加明显。

2. 更加活跃且对成长充满渴望

因为家庭子女结构的变化，家长对孩子的教育不再像过去那样严厉，代之以更多的双向交流。这种变化减少了学生自我表现的束缚，使学生拥有了更多自我展示的舞台。同时，由于当代大学生所处的是一个充满竞争的时代，所以来自成长和成才的压力比以往显得更大。因此，当代大学生普遍表现出参与各项学生工作和社会活动的积极性比较高，希望能展示自己的能力；同时，除了外在的总体表现积极、活跃之外，他们的内在更具有对成长成才的强烈渴望和动力。

3. 更具好奇心且对传统敢于挑战

当代大学生普遍对周围的新事物充满好奇，希望能够尝试和体验。同时，由于所处的特殊的社会环境，他们一定程度上又表现出强烈的自我意

识，对传统和说教有排他性，对来自外在的强制性规范表现出一定的不认同性。

（二）素质教育的内在要求和认识论的基本步骤

素质教育强调人的全面发展和综合素质的提高，尊重人的主体性和主动精神，注重开发人的潜能。因此，归根结底，素质教育最关键的一点就是如何发挥人的主动性。也就是说，要改变以往把学生机械地看作被动的受教育的一方，要更加重视学生的主体性。

认识论告诉我们，要充分重视人的认识和实践两者之间往复的互动，即认识—实践—再认识螺旋式上升的过程。因此，在对学生的教育管理中，就要把学生的认识加深一步，提炼为自我反思。自我反思比一般意义上的认识更具价值和富有效率。美国心理学家波斯纳（G. J. Posner）认为，没有反思的经验是狭隘的经验，至多只能是肤浅的知识。

综上所述，当代大学生的现实特点是学生工作者选择开展基于大学生主体实践的自我反思教育的出发点，科学的马克思主义认识论是行动的指导。

二、基于学生主体实践的自我反思教育的实施

在学生日常教育管理的具体实践中，坚持素质教育还原学生主体，变教育者执鞭的身份为无形的裁判者和引导者，始终遵守“尊重学生主体、强调主体实践、引导学生反思”的教育管理理念，积极搭建学生成长成才的平台，做好育人工作。

（一）构建学生主体意识平台

对大学生的日常教育管理，主要通过师生对话、榜样示范、测评辅助等方法来实施。

师生对话，就是强调师生是平等的双方，凡是涉及学生各项利益或事务，都要通过召开座谈会等方式来征求学生的意见，重视与学生的交流和互动。

榜样示范，就是挖掘先进典型，积极宣传，营造一种积极向上的良好的校园氛围。其侧重点在于把话语权、主席台交给学生，让他们现身说法、自我教育，如举办学生大讲堂、各类学生交流会等。

测评辅助就是利用测评工具或者师生一对一辅导来对学生进行心理、性格、职业倾向等的测评，使学生更好地了解自我、更清楚自己的优劣势，从而为他们主体意识的培养提供有力的指导。

（二）构建学生主体实践平台

积极为学生搭建实践平台，每个平台按照学校公布项目、学生申请、学校审核的方式运行。将“学校或者老师要学生做”的传统思维模式转变为学生自己主动申请即“我要做”的思维模式。

1. 学术类平台

学校为学生设立专项课题，给予经费支持。学校在每年定期发布通知，告知所有学生。有申请意向的学生除了要自己主动及时联系教师作为自己的课题指导老师外，还要积极查阅文献、进行选题论证、撰写课题立项申请书等，自己独立完成所有的专项课题立项程序。由于学生申请的专项课题有经费支持，并且对以后的深造、就业等都有帮助，所以学生申请课题的积极性都很高，项目立项的竞争比较激烈。但是，正是通过这样一个平台，学生的创造性、积极性和主动性得到了进一步的激发。

2. 学生组织类平台

学校切实发挥各级团学组织在学生自我教育、自我管理、自我服务中的作用，重点推进和实施学生干部竞聘制、活动组织的项目制等。实行学生干部竞聘制，就是学生干部通过学生自荐、团学组织对其进行面试考察的方式产生。实行活动组织的项目制，就是学生组织或者学生发起人可以随时举办活动，可以随时向学院递交项目申报书，申请举办活动；学校对申报项目进行审核和评判，做出是否给予资助的回复。

3. 创新创业类平台

该类项目主要包括学生创新创业大赛等，目的是激发学生的创新、创业精神，为有志于创新创业的同学提供舞台和指导。平台运行的程序总体与上述两类平台相似。

4. 社会实践类平台

学校鼓励学生走出校园，了解社会、服务社会。在组织学生社会实践的过程中，坚持还原学生主体性的管理理念。学生可以选择以个体的形式参加社会实践，也可以选择以团队的形式参加社会实践。选择以团队形式参加社会实践的学生，需要自己组织团队，并申报实践项目。

在社会实践类平台运行过程中，学校要积极做好两方面的工作，一是做好制度建设，制定社会实践活动的统一规范和具体要求等；二是做好相关的服务，为学生的社会实践活动提供相关的指导，组织专题报告会等。

（三）构建学生自我反思教育平台

自我反思教育平台主要通过四个途径构建，一是学生进行自我总结，二是组织集体交流，三是辅导员谈话，四是心理健康辅导。

学生自我总结，就是引导学生对自己的学习、科研、实践经历等进行总结思考，分析成功之处和需要改进的方面。集体交流，就是在老师或者学生骨干的组织下，学生进行集体的交流探讨，分享各自的心得体会，进行集体反思。辅导员谈话，就是辅导员通过与学生谈话，帮助学生找出存在的问题、解答疑惑。心理健康辅导，就是由专业人员对学生进行更加专业和细致的辅导，从心理层面帮助学生正确认识自我。

三、基于学生主体实践的自我反思教育的特点

（一）无为中的有为

基于学生主体实践的自我反思教育，其核心在于教育管理者在制订规则和做好引导与保障后，实施技术上的隐退，还原学生的主体性，激发学习的能动性，让学生为自己作主。这表面上看是无为，但实质上是在合成一种推力以促进学生的成长，体现了有为与无为的辩证统一。

（二）实践中的反思

实践是学生成长的重要步骤，但是没有反思的实践只能是低效率的重复劳动。基于学生个体实践的自我反思教育，强调实践与反思的统一，学生实践后要通过反思来加深对实践和自我的认识，提高再次实践的能力和水平。

（三）过程中的统一

学校为学生提供的平台虽然形式和内容多样，但是始终遵循还原学生的主体性这一基本的原则和统一规范的程序，做到了内涵上的统一。这种过程中的统一，强化了学生主体实践以及自我反思教育的习惯。

第八节　高校学生管理程序体系构建探讨

为适应形势发展变化，2005 年教育部颁布了新的《普通高等学校学生管理规定》（简称《规定》），突出强调高校要依法治校，规范管理，明确指出对学生的处分要做到程序正当。新《规定》实施以来，高校在依法治校、保障学生权益等方面取得了明显进展。笔者在具体的学生管理实践中，发现学生管理涉及学生在校的各个阶段、各个方面，有必要在遵循新《规定》的基本精神下，探索形成一套学生管理程序体系，即厘清各类管理程序，使之体系化，在此基础上严格按照程序实施管理，保障依法治校的有效实施。

一、学生管理程序体系构建的背景

（一）国内社会环境的发展变化

自党的十五大正式提出依法治国方略以来，国家和社会的各个层面发生了深刻的变化，产生了广泛和深远的影响。对于高等教育领域而言，依法治校是依法治国方略的具体实践。同时，随着 20 世纪末我国高等教育的大发展，几年间高等教育从精英化教育阶段一跃到了大众化教育阶段，当前高等教育更是进入了普及化阶段，高等教育从社会边缘走向了社会中心。这两者的转变，均对高校大学生的管理提出了新的要求，要求高校教育管理者从管理理念、思维、模式和具体实践等方面作出及时调整和转变，适应社会的发展变化。

（二）发达国家学生管理的历程及趋势

从美国等发达国家的高等教育发展经验来看，大学生的管理理念和实践也经历了历史转变。如早期，美国和英国等国家单方强调学校主导地位的传统理论“代替父母理论”和“特权理论”，相继于 20 世纪六七十年代为法院所推翻，代之以更加重视学校与学生双方平等地位的“契约理论”和“宪法理论”。同样，强调学校单方主导地位的“特别权力关系理论”在德国、日本等国家也遭到批判。到 20 世纪 70 年代以后，传统的特别权力关系理论得到修正（申素平，2007；方恩升，2007）。当前，不论在大陆法系国家还是英美法系国家，“宪法理论”和“契约理论”逐渐成为有影响力的理论。

总结和回顾西方发达国家在处理学校与学生的关系的发展历程来看，尊重学生平等的主体地位，保障学生权益成为发展的潮流和共识。我国在这方面也做了相当多的工作，取得了明显进展，尤其是2005年教育部颁布了新的《普通高等学校学生管理规定》，提出了程序正当的原则，开创了依法治校、保障学生权益的新的里程碑。

二、学生管理程序体系构建的意义

在国内外高校学生管理日益重视学生平等主体地位、重视保障学生权益、重视学生发展的今天（张峰和田建国，2009），探讨和建立大学生管理程序体系，无疑在以下几个方面有着重要的意义。

（一）从制度层面审视：有助于依法治校，推进和谐校园建设

依法治校，构建和谐校园是当代社会对高校的必然要求，也是时代发展的潮流。所谓依法治校就是要求学校管理者必须在其权限范围内，按照合法程序做出合法行为，并且对其行为后果有明确的责任（陈倩，2006）。从中可以分析得出，程序问题是依法治校中不可缺少的重要构件。美国一位法官宣称：“程序决定了法治与人治的基本区别。”

由于受“重实体轻程序”观念的影响，在一些高校学生管理中，程序意识相对落后，程序建设也相对滞后。近年来，学生与学校的纠纷在实体方面都是清晰的，最后的争论往往落在了学校是否履行了相应的程序。从某种意义上讲，当前高校的学生管理并不缺少制度或者条例，缺的是相对应的程序。程序问题是依法治校在学生管理具体实践中必不可少的一环。因此，学校应该重视学生管理中的程序建设，把程序建设的重要性上升到与实体建设同等重要的高度来看待，切实实施依法治校，推进和谐校园建设。

（二）从管理者层面审视：有助于人力资源的充分发挥，提升管理水平

高校学生工作，本质上说是做人的工作，是一项复杂和艰巨的工

作。当前，社会越来越开放，信息越来越发达，法制观念深入人心，高等教育走入社会中心，这些前所未有的新环境给高校学生工作者带来了新的挑战和巨大压力。从现实的工作内容来看，当今高校学生工作者承担着学生在学校一切活动的工作内容，包含思想政治教育、安全稳定、行为规范、学习实践、后勤生活、个人发展等诸多内容。在这个群体中，尤其是辅导员队伍，长年承受着巨大压力，默默地奉献着青春。对于如此众多的工作内容，很难开展符合学生个性化的教育管理，这与因材施教的要求不相符，因此客观上要求学生工作者提炼出一种高效、规范的工作标准。笔者认为，管理程序是一种行之有效的捷径。建立程序，按照程序办事，对于学生工作者来说：一方面能规避学生工作风险，减轻学生工作者的精神压力；另一方面因程序是普遍的刚性的规范，在实施过程中能够高效运作，可以减轻工作负担。只有减轻了学生工作者的压力和工作负担，才能解放人力，更好地发挥学生工作者的聪明才智，从更高的角度、更宽的视野来前瞻性地研究学生工作规律，更好地开展学生工作，提升管理水平。

（三）从学生层面审视：有助于培养学生法治精神，促进全面发展

大学生是祖国宝贵的财富，是民族的未来和希望，肩负着社会主义现代化建设的历史重任。今天他们是校园里的学生，明天将是社会的中流砥柱。他们的法治精神如何直接关系到依法治国的水平和高度，关系到党和国家的前途和命运。在大学生中培育和弘扬法治精神是高等教育的一项重要任务。大学生处于人生观和价值观形成的关键时期，学校的理念、管理思维、实践模式都会在潜移默化中对其产生作用。高等学校在学生工作中建立一套较为完整的程序管理模式，严格按照程序办事，必定对大学生的程序理念和意识产生影响，进而对他们法治精神的培养和树立产生积极的作用。

三、学生管理程序体系构建的原则

（一）系统性原则

大学生管理是一项复杂的系统工程，牵涉面广，须从系统的角度全面通盘考虑。学生事无小事，关系到国家和社会的安全稳定，关系到学校的

人才培养目标和质量，关系到学生的家庭。学生工作实践表明，任何一个问题的缺失，都会对今后的管理留下隐患。在管理程序体系构建过程中，要充分调研，整合各类问题，用系统的思维来积极构建。

（二）区别性原则

大学生管理涉及的程序很多很复杂，其重要程度、涉及范围、时间的延续性等都有所不同。在构建过程中，绝不能一概而论，应在认真分析和鉴别各种程序性质的基础上，做出相对应的操作步骤设置，做到有繁有简，各适其位。这样的区别性原则一方面解决和适应了程序本身的差异性；另一方面有利于充分利用程序，依法高效开展工作，而不为程序本身所拖累。

（三）适用性原则

程序体系建设应充分考虑高校和大学生的特点，在吸取程序正义和公平等基本精神的基础上，还须体现教育人、培养人的特点，本着“以生为本”的理念来积极构建。特别是学生处理、处分等涉及学生重大利益或者个人隐私等问题上，更需把握程序的运行，体现程序在高校的适用性。

（四）参与性原则

在程序体系构建过程中，应充分尊重学生平等的主体地位与学生在高校管理中的知情权和参与权。要充分运用各种手段使程序建设在公开的环境下产生，包括事前的宣传、中期的讨论制订、最后的发布实施。过程中邀请学生代表参与讨论，征求他们的意见，调动他们参与的积极性，真正做到学生的广泛参与，体现民主管理和法治精神。

四、学生管理程序体系的内容及构建思路

学生管理程序体系的内容应包含学生从入学到毕业的不同阶段与学校形成的一系列权利和义务所对应的程序。以下就构建思路做一探讨。

（一）基于学习过程的条状构建

在构建过程中，可以以时间顺序，按照学生在学校学习的不同阶段，以学校须履行的义务为基础来构建程序体系。具体可包括入学阶段、过程学习阶段、毕业阶段，并对每个阶段进行细分，形成纵向分支

的程序体系。

（二）基于分类管理的块状构建

每个学校对学生的管理有相应的职责分工，可根据这种职责进行构建。具体可包括日常教学、教育管理、生活后勤、社会活动和实践等方面，形成横向分支的程序体系。

两种构建思路是在理论上的划分，在具体实践中两者并不是割裂的，而是相互融合的整体，互相结合，交叉并进。

高等学校从社会边缘走向社会中心，不可避免地需要对自身的运作机制进行改革和调整。高校既要保持本身的特性又不能与社会脱离，这本身就是一个值得探讨的课题。学生管理程序体系的构建及实施，可以为普遍意义的学生工作提供参考，有利于与社会接轨。但程序实施过程中，如何做到普遍性与对特定学生做到个性化的教育管理相结合是值得探讨和研究的问题。

学生工作程序举例

以组织新生学习《学生手册》为例。《学生手册》涉及学生行为规范、教学、奖惩、日常管理、后勤服务等诸多方面，既是高校学生工作的重要依据，也是学生学习生活的导航、成长的指南。因此，组织大一新生进行《学生手册》学习成为高校入学教育的重要内容。笔者认为对《学生手册》的学习应包括以下三个方面的主要流程。

一是组织学习。此流程主要内容为明确告知学生进行《学生手册》学习，后续将组织考试；学习的方式除了学生自学外，辅导员或班主任可以开展集中辅导。

二是组织签订阅读承诺，确认学生已学习《学生手册》，对其中内容知晓并充分了解。

三是组织考试，强化对《学生手册》内容的学习和掌握，不合格的学生应进行补考，直至合格为止。

大学生安全稳定教育体系构建要点图示

1. 了解掌握学生的特点

学生特点：
- 思想道德方面
- 学业表现方面
- 心理健康方面
- 身体素质方面
- 行为举止方面
- 日常交流方面
- 其他方面

注意事项：

各个方面均需关注，不顾此失彼。

2. 体系构建的目标和内容

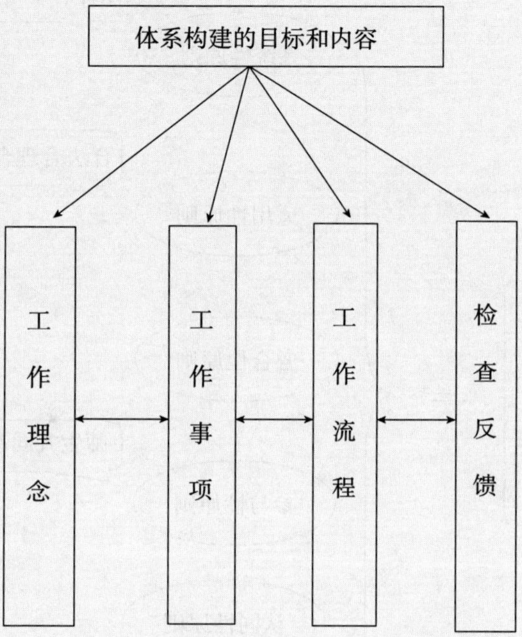

注意事项：

①工作理念要突出以生为本、依法治校等；

②工作事项应尽可能全面；

③工作流程要细化、易操作；

④检查反馈应及时，在工作实践中不断细化完善工作流程。

3. 体系构建的原则

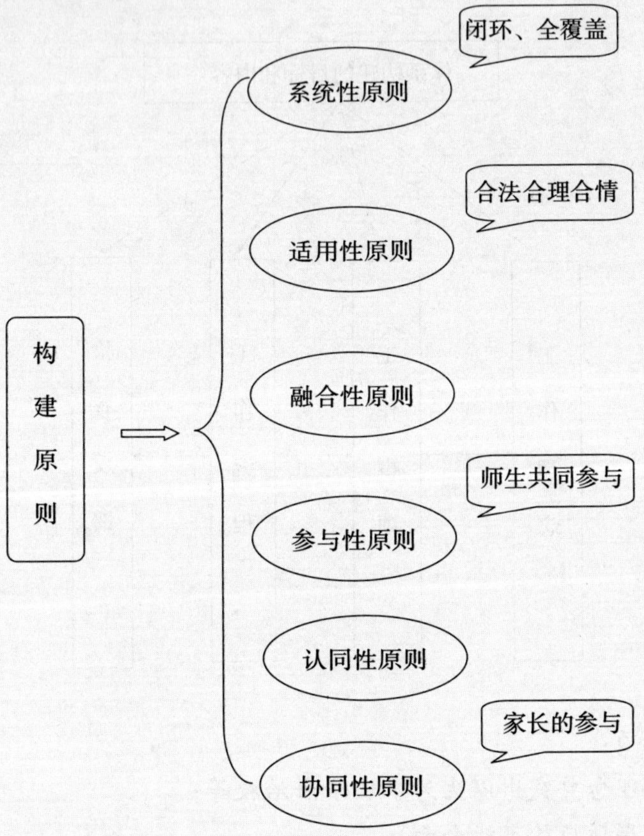
构建原则
系统性原则
闭环、全覆盖
适用性原则
合法合理合情
融合性原则
参与性原则
师生共同参与
认同性原则
协同性原则
家长的参与

4. 安全稳定教育专项分类

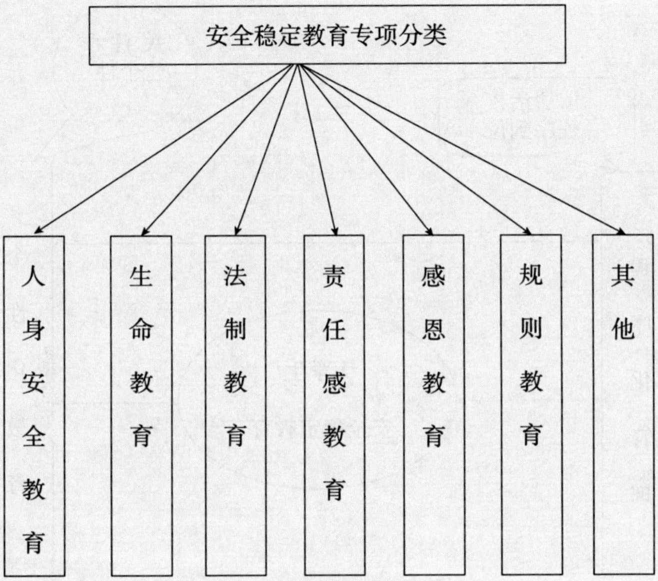

注意事项：

各项教育不是彼此割裂，而是系统中的一个部分，互为整体。

5. 程序化管理和个性化教育

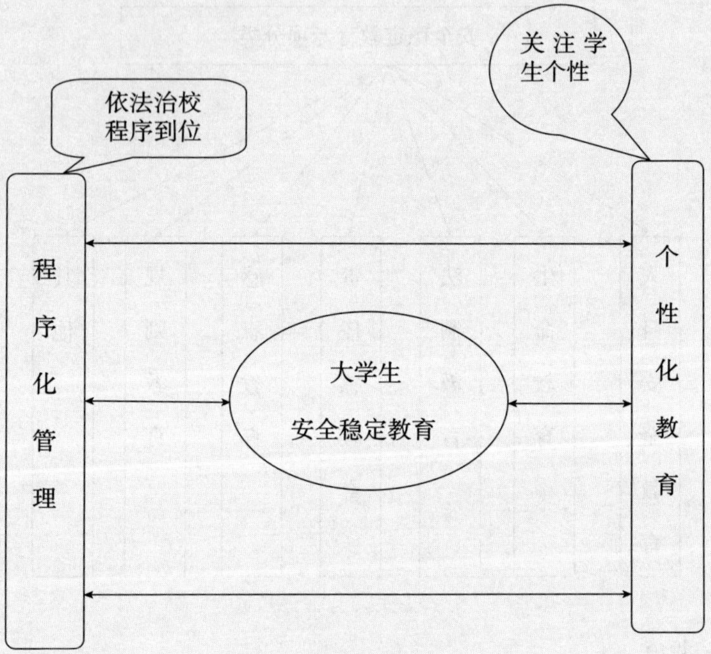

注意事项：

①程序化管理更强调工作的底线问题；

②个性化教育更关注学生个性和发展，个性化教育无上限；

③程序化管理是个性化教育的保障。

部分学生工作程序参考流程

1. 入学教育工作

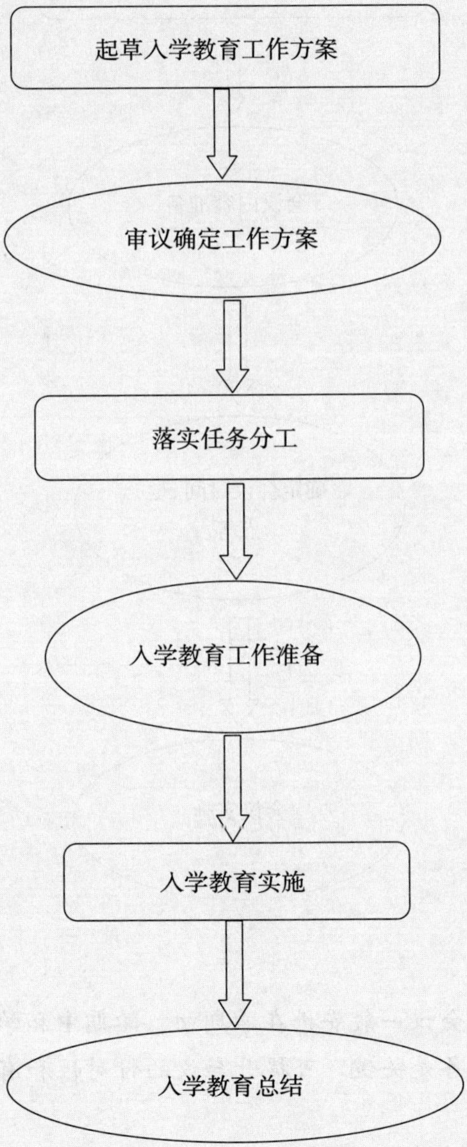

2. 学生年级会议组织

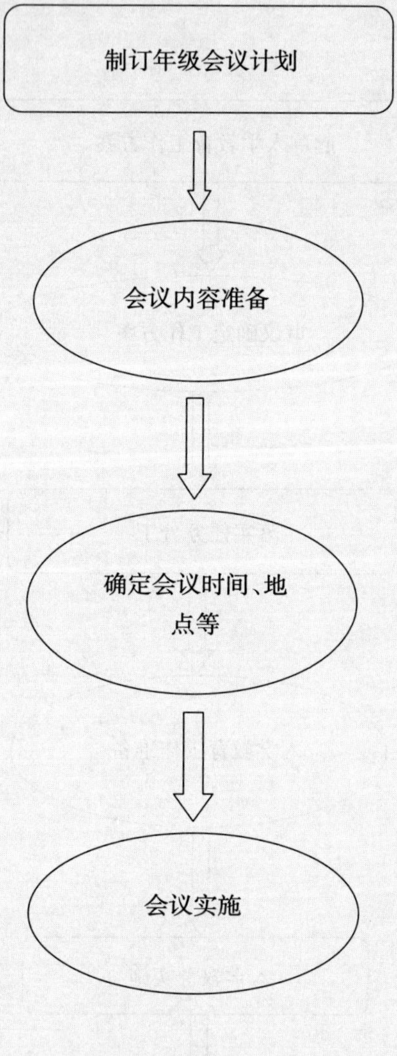

注意事项：

①常规的年级会议一般安排在学期初、学期中和学期末；

②会议内容准备是关键，可提升会议的针对性和有效性。

3. 学生谈心谈话

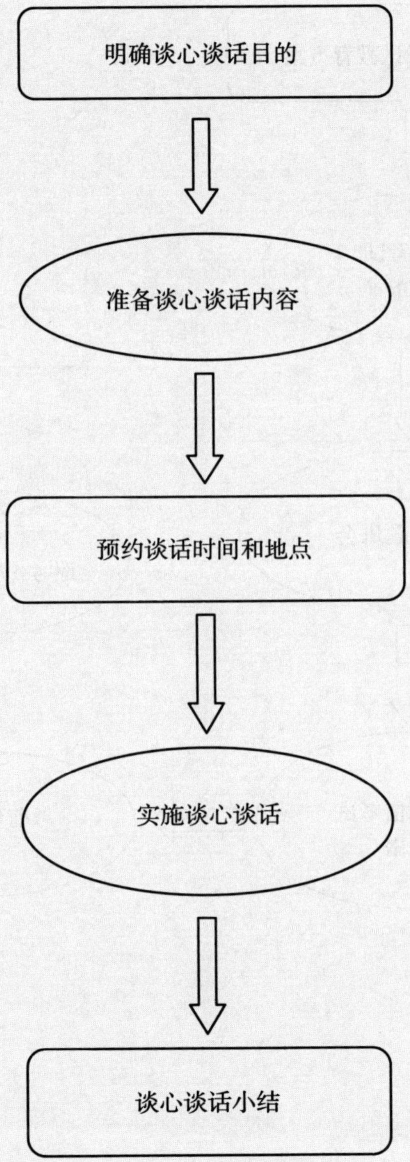

4. 学生诚信考试教育

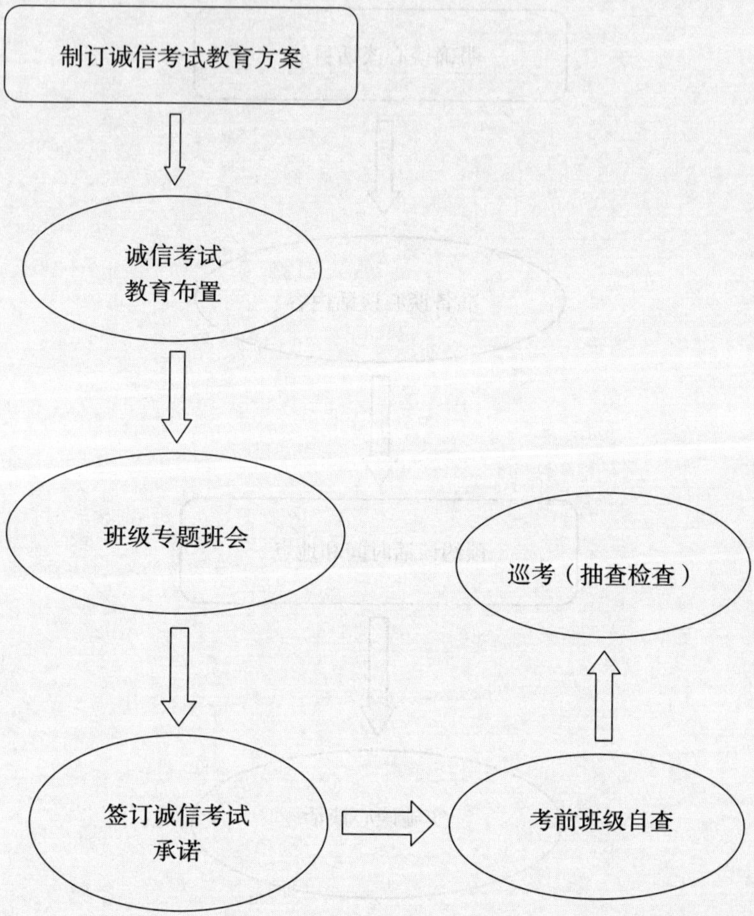

5. 学生外出集体活动管理

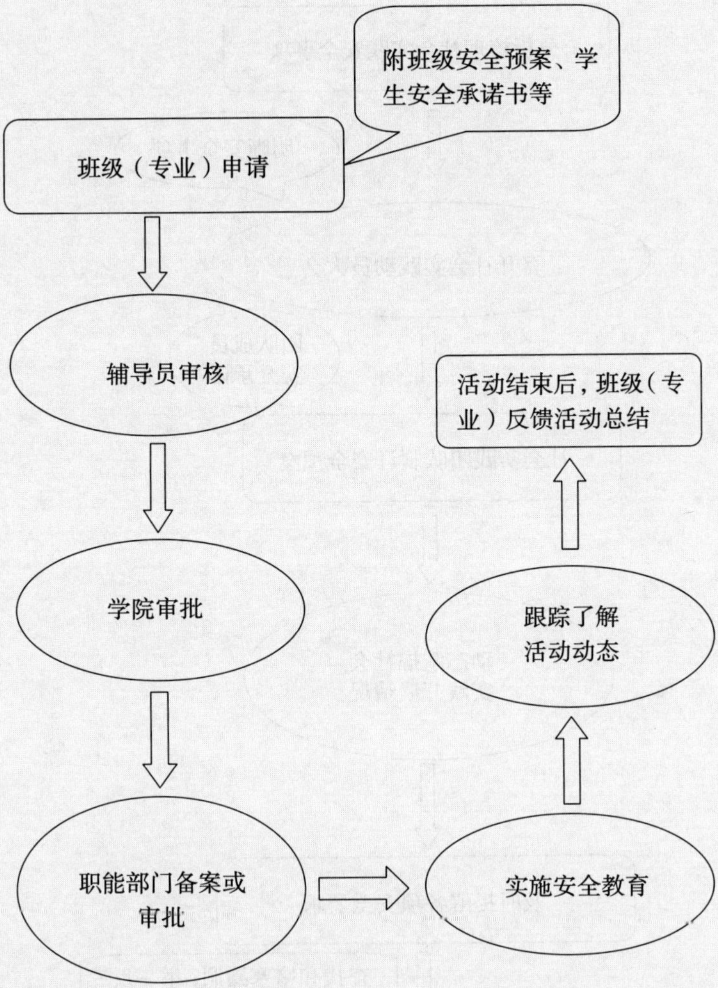

注意事项：

①加强对班级（专业）安全预案制订的指导和审核；

②安全教育应结合具体活动的特点和安全风险针对性进行提醒和讲解。

6. 学生社会实践安全管理

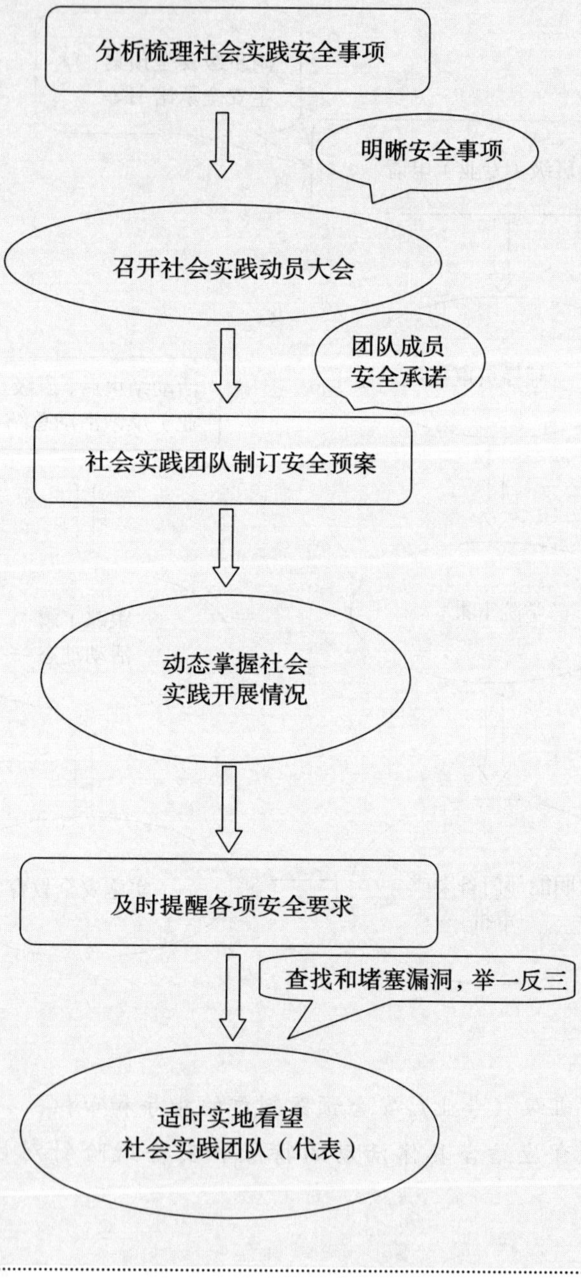

7. 学生校园文化活动审批

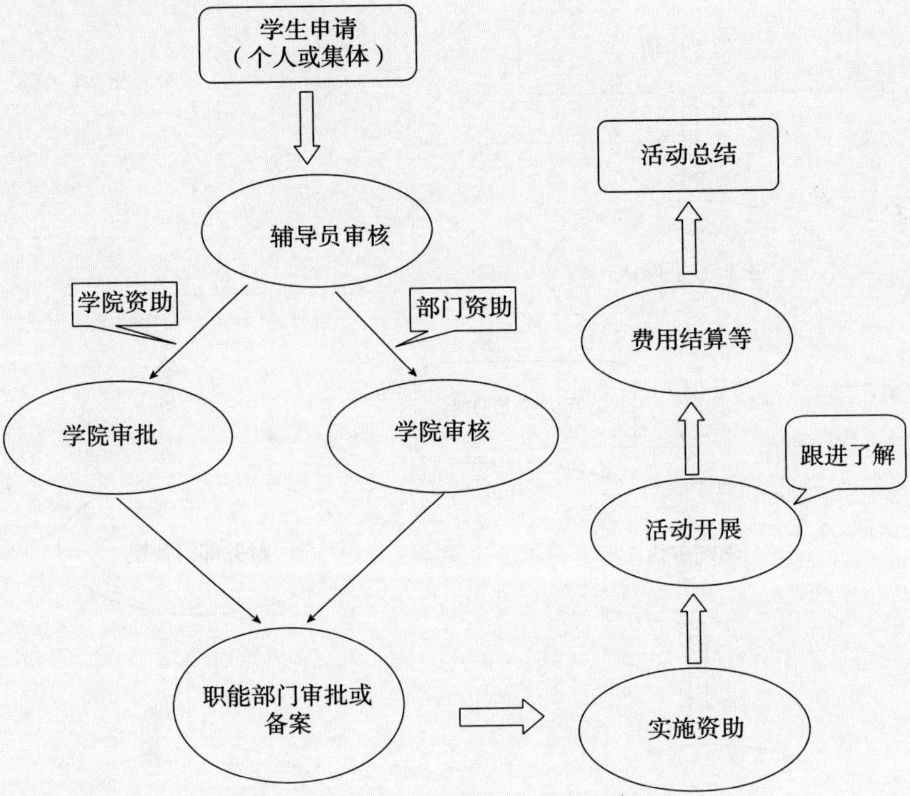

注意事项：

①加强对学生校园文化活动的指导、审核和把关；

②对活动的资助根据情况可以事先也可事后，资助经费须遵守财务规定。

8. 学生校外住宿申请

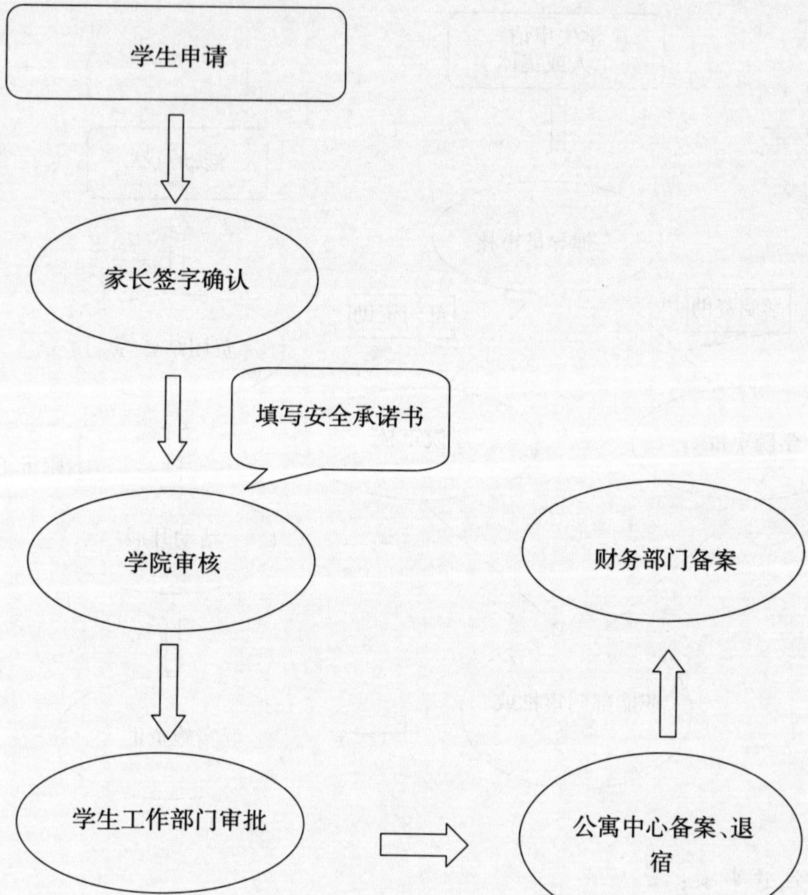

注意事项：

学生在校外住宿期间，学院辅导员等应加强学生动态了解，跟进安全提醒和教育。

9. 节假日管理

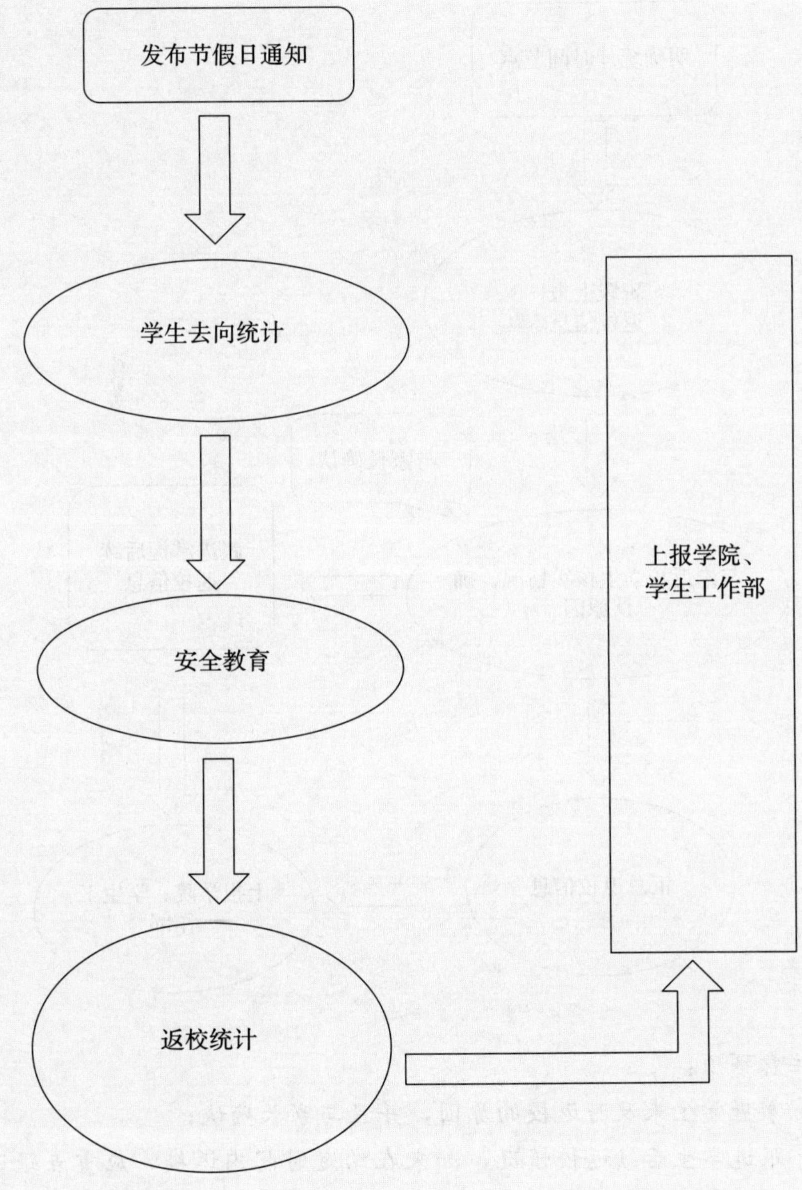

10. 学生返校统计

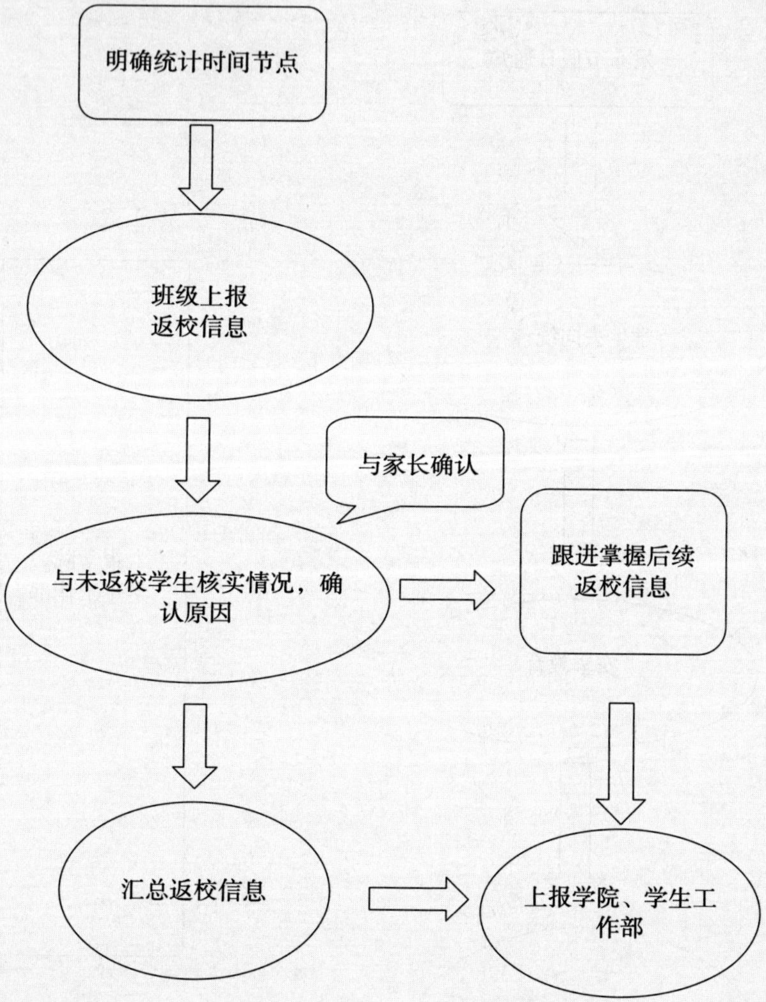

注意事项：

①掌握学生未及时返校的原因，并且与家长确认；

②跟进学生后续返校情况，如未在约定时间内返校，应重点跟进相关工作。

11. 学生请假管理

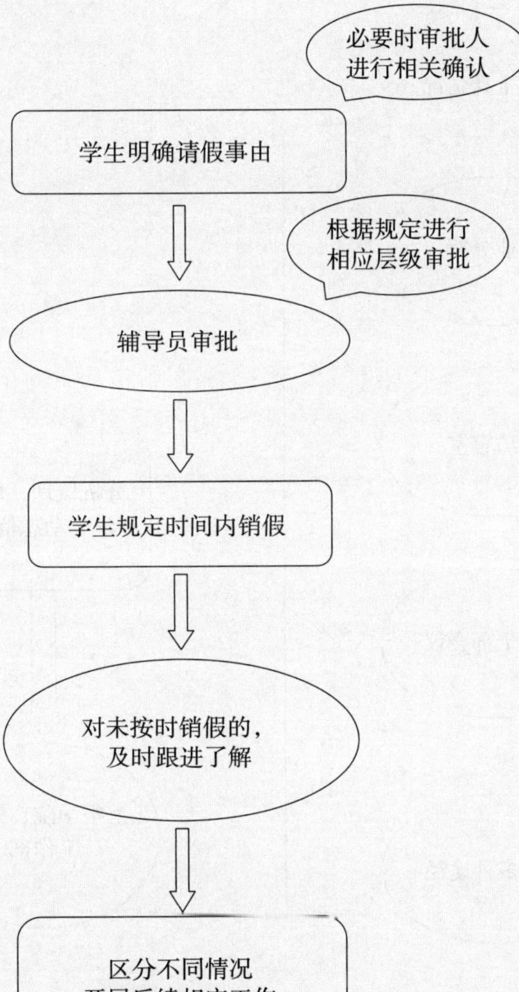
必要时审批人
进行相关确认
学生明确请假事由
根据规定进行
相应层级审批
辅导员审批
学生规定时间内销假
对未按时销假的，
及时跟进了解
区分不同情况
开展后续相应工作

12. 学生动态分析

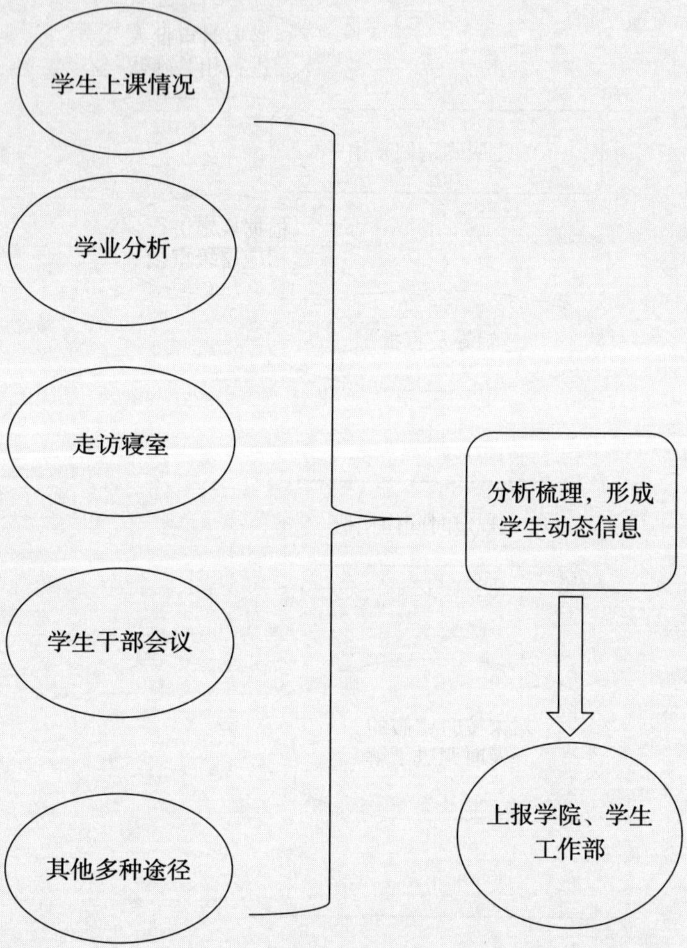

13. 学生矛盾处理

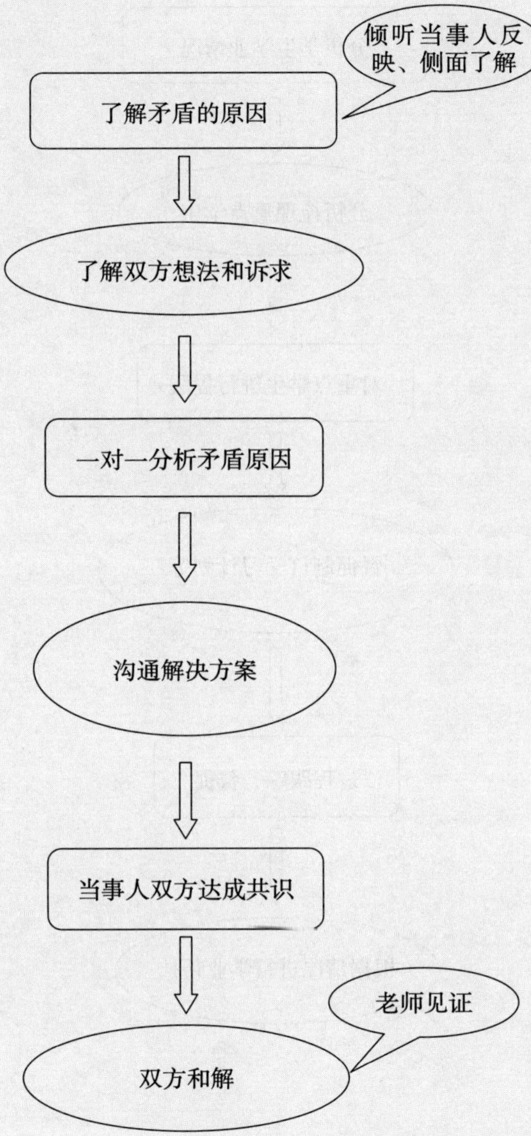
倾听当事人反
映、侧面了解
了解矛盾的原因
了解双方想法和诉求
一对一分析矛盾原因
沟通解决方案
当事人双方达成共识
老师见证
双方和解

14. 学生学业提醒

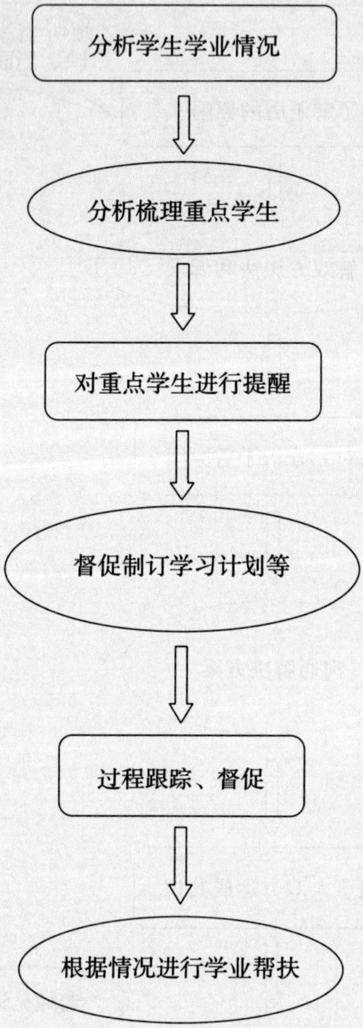
分析学生学业情况
分析梳理重点学生
对重点学生进行提醒
督促制订学习计划等
过程跟踪、督促
根据情况进行学业帮扶

15. 奖学金评审一般程序

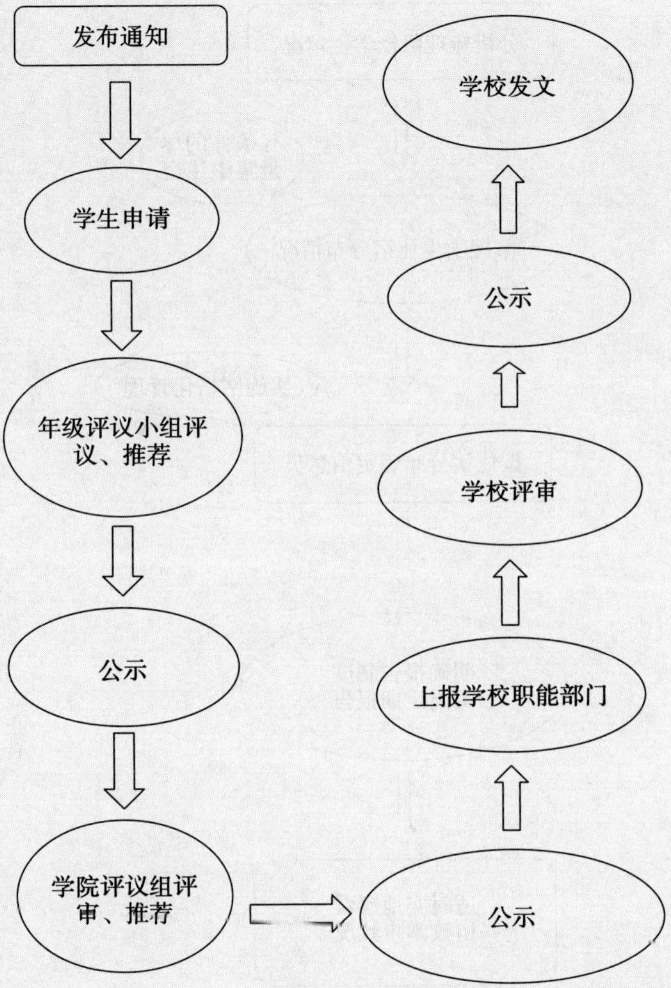

16. 寒暑假留校学生管理

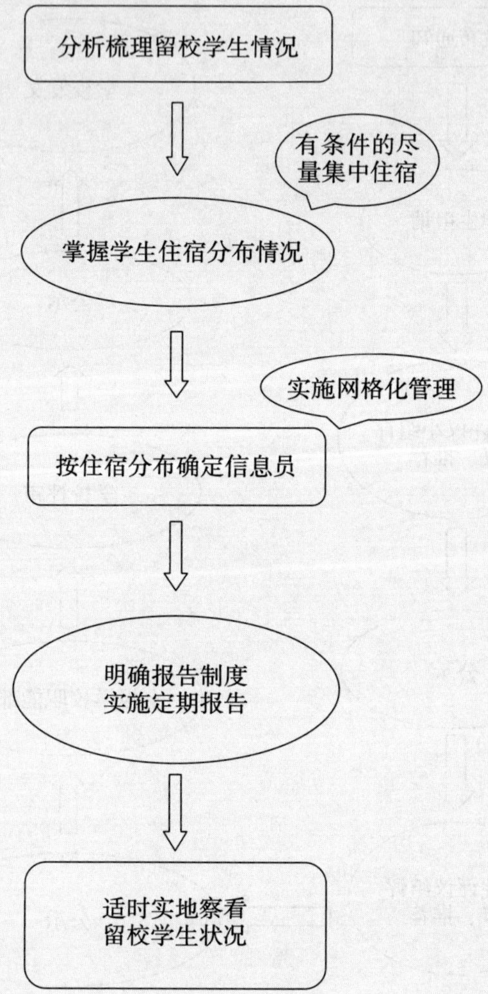

第九节 高校研究生清廉教育探析

清廉对于每个公民而言是安身立命的前提和基础，对于党和政府而言则是关系人心向背的重大问题，关乎党和国家的存亡。研究生教育处于国民学历教育中最高的位置，是培养高层次创新人才的主要途径，关乎国家未来。清廉教育是研究生思想政治教育的重要组成部分，研究生的清廉素养怎么样直接关系到其未来作用的发挥，关系到国家建设和发展。因此，在重视研究生专业能力培养的同时，必须重视研究生清廉素养培养，通过实施清廉教育，涵养清廉文化，提升清廉素养。

一、加强研究生清廉教育的现实逻辑

（一）高校研究生清廉教育还需进一步深化

全面从严治党是贯穿党的十八大以来党的建设的鲜明主题①。高校认真贯彻落实全面从严治党的要求，在加强党的建设、推进全面从严治党向纵深发展等方面取得了积极的成就。在研究生教育管理层面，开展清廉教育是学校全面从严治党的必然要求，也是高校立德树人根本任务落实的必然要求。党的十八大以来，高校更加重视学生思想政治教育，更加强调学生意识形态工作，更加突出学术诚信教育等，研究生清廉教育得到了进一步的重视，在工作中得到了进一步强化。同时，还存在清廉教育系统性不够、内容偏宏观细化不足、专业性不够强等问题，清廉教育的实效性还有提升空间。

（二）清廉是研究生个体成长不可或缺的重要素养

清廉文化是中华传统文化的重要组成部分，对中华民族产生了深远的影响。清廉是一个人品性的反映，在我国古时历朝历代选贤纳士过程中，清廉是一个重要的考察内容。应该说，清廉是我们中华民族的共同价值

---

① 全面从严治党是新时代党的自我革命的伟大实践［EB/OL］.（2022-09-19）［2023-01-27］. http：//www. scjc. gov. cn/scjc/syjdxw/2022/9/19/4656645ef8ee43f7a8f1e416f9f0b94a. shtml.

观，也是印刻在我们每个中国人内心的价值遵循，中国共产党更是把清廉作为党性修养的基本功。研究生是社会主义现代化建设的高层次人才，研究生清廉素养方面如果不过关，不仅个人事业发展没有保障，还会对国家和社会发展产生潜在危害。当前，干部腐败低龄化现象更是对高校清廉教育提出了新的命题。相较于专业知识学习、专业能力培养，研究生对清廉知识的主动获取、清廉素养的主动提升还有欠缺。因此，高校需要更加重视清廉教育的设计和实施。

（三）清廉教育是推进研究生教育强国的重要组成部分

党的十八大以来，以习近平同志为核心的党中央高度重视教育事业，把优先发展教育事业摆在重要位置，研究生教育事业得到了快速发展，为社会主义现代化建设各行各业输出了大批高层次人才。研究生招生数由2012年的不到59万人增加到2021年的117万余人，研究生在学人数从1949年的仅629人，发展到2021年的333万余人。目前，我国已经是世界上仅次于美国的研究生教育大国。当前，我国正处在向研究生教育强国迈进的新征程中。研究生教育强国不仅体现在专业知识的掌握、专业能力的培养上，还应强调学生的思想道德教育，清廉就是其中的重要组成部分。从国外看，英国等发达国家也非常重视大学生类似的清廉教育，采取多种方法实施清廉教育，提升学生清廉素养。在研究生教育强国推进过程中，形成一套成熟和切实有效的清廉教育体系，进而推进研究生清廉教育显得迫切而重要。

二、研究生清廉教育的目标

（一）了解清廉知识

学习和了解清廉知识是清廉素养培养的基础，是实施研究生清廉教育的起点。有目的地引导和组织研究生学习了解相关的清廉知识，包括中国传统清廉文化、社会主义清廉文化、传统君子典范、法律法规等。学习传统清廉文化，可以帮助学生了解中华民族清廉文化基因的形成和价值要求；学习社会主义清廉文化，可以帮助学生了解中国共产党克敌制胜的法宝，感受清廉文化的生命力；学习法律法规，可以帮助学生了解做人干事的行为底线。

（二）培养清廉意识

培养清廉意识是清廉素养培养的重要环节。重点要加强清廉文化的认同，这种认同应是从心底发出的，是深入骨髓和触及灵魂的，是一种自觉的内化为个人的价值判断，而不是表面的跟风和装腔作势式的表态。增强清廉文化认同，培养清廉意识，既需要集中学习教育，更需要讲究艺术和方法，充分进行历史比较、中西比较，突出案例教育、正反教育。

（三）掌握清廉技能

掌握清廉技能是清廉素养培养的内在要义，是清廉教育的关键点。了解掌握了清廉知识和内容，也认同清廉的内涵和要求，但在具体问题处理中不知道怎么样解决，这离清廉教育的目的还是有差距的。掌握清廉技能就是要培养学生处理清廉问题的能力，是对清廉知识的具体运用。这项工作对教育管理者提出了更高的要求，需要整合校内外力量进行研究和实施。

（四）践行清廉要求

践行清廉要求是清廉素养培养的落脚点，是清廉教育的目的所在。践行清廉要求是指研究生通过清廉教育，自觉主动地按照清廉的要求规范自己的言行。笔者认为至少包含两个层面，一是在有明确的法律法规、制度规定的情形下，能够严格遵守，不碰红线，严守底线，强调的是一种他律；二是在没有明确的规定或者说比较模糊的情形下，能够按照清廉的要义，以“君子”的要求来约束自己，强调的是一种严格的自律。

三、研究生清廉教育的实施

研究生清廉教育是一项系统工程，同时也有其自身的特点，在实施过程中，笔者觉得应关注以下五个方面。

（一）突出整体性

清廉教育作为一项系统工程，应加强清廉教育的顶层设计，加强领导，明确牵头部门和任务分工，避免政出多头，消减合力。要统筹考核评价，跟进监督检查，强化责任落实，使此项工作能够持续推进、切实执行。

（二）注重协同性

清廉教育是思想政治教育的重要组成部分，同时又有其特殊性和专业性，涉及的部门多、内容多，单纯靠辅导员和研究生教育管理机构很难实现。因此需要强化协同，一是校内部门协同，如组织部门、宣传部门、纪检监察部门、审计部门、财务部门的协同，形成校内合力；二是强化校外协同，加强与地方公检法系统的对接与联系，争取支持，同时强化与行业单位联系对接，在实践中提升教育的实效。

（三）强调学术性

研究生清廉教育应充分关注研究生群体的特点，把握研究生侧重研究和探究学理的特点，在教育的深度和广度上做文章。在教育过程中，通常采取的是灌输式教育，但更多的是需要通过讨论、辩论、启发式教育，激发研究生对清廉文化及清廉内在价值探究的积极性和主动性，引导学生通过研究式的学习参与到清廉教育的各项活动中来。通过研究式学习、研究式思辨，使学生去伪存真，达到真学、真懂、真用的效果。

（四）贴近现实性

思想政治教育要贴近学生实际，走进学生生活，清廉教育也一样。一方面应关注研究生学科专业特点，结合学科专业实际，分析未来从事专业行业可能遇见的一些清廉问题，进行针对性的教育；另一方面，要引导学生关注社会，拉近学生与社会的距离，引导学生分析清廉问题、尝试解决问题。

（五）打造特色性

研究生清廉教育要突出高校自身特点，打造具有自身辨识度和独特气质的清廉教育模式。例如，农林高校可以充分挖掘植物文化中的清廉元素，营造有自身特色的清廉文化，如梅兰菊竹植物“四君子”中的清廉要义，以及与植物有关的廉洁故事，增强清廉教育的亲和力和感染力。

如笔者所在学校是一所以农林、生物、环境为特色的农林类高校，是“两园（校园、植物园）合一”的现代化生态校园。校园收集了各类植物3 300余种，建有金缕梅园、翠竹园等 16 个专类园。

学校充分发挥植物园的资源优势、学科专业特色优势，以植物喻廉，植廉于心，将植物廉洁文化融入校园景观，精心打造了茶山、荷池、菊丛、梅廊、竹园等（部分校园植物景观见图示）。校园内春有茶、夏有荷、秋有菊、冬有梅，四季有竹子。广大师生一年四季都可以在学校欣赏到不同的清廉植物景观，体悟植物寓意的清廉品格。

梅

菊

竹

荷

第十节 试论高校毕业生出路指导

一、高校毕业生出路指导的必要性

近年来，高校毕业生的出路问题受到了广大家长和社会的关注。

高等教育大众化、普及化必然要求高校毕业生就业多元化、多样化。毕业生就业的多元化、多样化意味着毕业生将面临更多的选择。当高等教育还处在“精英教育”阶段时，高等学校的毕业生是天之骄子，主要在政府机关等行政事业单位就业。政府按照“国家干部”的身份，将大学毕业生分配到高级技术人员、管理人员等专门的或专业的岗位上。相对来说，大学毕业生的出路比较明确。但在高等教育大众化、普及化阶段，高校毕业生是普通的劳动者，政府机关等体制内的岗位相对于庞大的毕业生来说显得非常有限，岗位呈现多元化、多样化。当前，我国绝大多数大学生都是从学校到学校，缺乏社会经验，对自身的认识及今后的发展规划比较模糊。如不及时给予指导和引导，部分学生很有可能在选择面前变得迷茫，进而迷失方向。

同时，随着高等教育的日益推进和社会的不断变革，大学生毕业后从事的工作与自己所学专业的相关性将变得不再如以前那样紧密。大学生从事非自己所学专业的工作也已经是一件正常的事情。这种转变意味着大学生在校期间不仅要学好专业知识，还要不断拓展自己的综合素质，提升自己的综合能力，适应社会的发展变化。因此，如何规划大学生活，将来的出路在哪里？这些无疑对每个学生来说都是需要思考的。

从就业的现实角度来分析，当前大学生就业难是个不争的事实。有些毕业生甚至自嘲毕业意味着失业。大学生就业难，除了供求关系、高校专业设置等因素以外，还与大学生自身的就业观念、职业理想等没有充分调整到位有着很大关系。因此，从毕业生能够顺利就业这个角度讲，要求高校必须重视加强对毕业生的出路指导工作。

二、高校毕业生出路指导的方法

（一）共性加个性的指导

一方面从整体上帮助学生认清社会发展的形势以及对毕业生的要求。在实际工作中，强调学生要注意提升自己的综合素质，包括文明礼仪素养、交流沟通能力、服务意识、团队合作的精神以及职业操守等，提升自己的职业素养；另一方面，在具体到每个学生时，采用一对一谈话的方式，帮助学生认清自我，进行合理的出路定位，明确职业生涯目标。

（二）理论指导与社会实践相结合

一方面通过课程的理论教学、一对一的谈话、专家讲座等方式，提升大学生的理论涵养，提高对自我的认知，增强自我规划的意识和能力。同时，积极鼓励学生通过社会实践来加深认识，检验评估自己的目标，进一步明确努力的方向。在具体工作中，可鼓励学生提前感受招聘会的氛围、利用暑假到企事业单位进行实习等。

（三）学校与家长的联动

随着高等教育的推进，高校从社会边缘走到了社会的中心。高校在学生培养的过程中，离不开家长的支持与联动。在平时工作中，加强与家长的联系，一方面将学生在学校的表现反馈给家长，另一方面向他们了解学生的成长经历、家长的想法等，然后共同商量探讨学生的出路。有了家长的参与和支持，学生的出路将变得更加清晰，有助于提高对学生出路指导的针对性和有效性。

三、进一步做好高校毕业生出路指导工作的思考

1. 构建一支指导队伍

有效开展高校毕业生出路指导的关键，是要有一支专业化、职业化的队伍。这支队伍必须具备职业生涯规划的理论基础，熟悉学生，掌握就业政策。这支队伍还应相对稳定，努力实现专业化、职业化，以期具有较高的职业生涯规划指导水平。

2. 深化教育教学改革，为学生的多元化出路提供支撑

高校应改革教学内容、方法和手段等，构建适应高等教育普及化的人才培养模式，与学生出路的多样化、多元化相匹配。

3. 发挥学校、家长与学生之间的联动作用

做好学生的出路指导，除了学校的教育培养外，还应获得学生家长的支持，以及发挥学生的主观能动性，因此要重视学校、家长与学生之间的联动作用，以期达到最佳的互动效果。

4. 构建和完善多元化的学生评价体系

学生的选择多样化，出路多元化。从理论上讲，学校应该鼓励他们的个性化发展，给予个性化的评价，鼓励他们的选择和发展，因此有必要建立一套学生个性化评价体系，促进他们的发展。

第十一节 高校学生安全信息员队伍建设探析

党的二十大报告强调，“国家安全是民族复兴的根基，社会稳定是国家强盛的前提。必须坚定不移贯彻总体国家安全观，把维护国家安全贯穿党和国家工作各方面全过程，确保国家安全和社会稳定。”高校必须站在维护国家安全和社会稳定的角度看待学生安全问题，坚持总体国家安全观，剖

析学生安全稳定工作的长远价值和现实意义，正视各类潜在风险问题，坚守稳定底线和安全红线，坚持教育引导和安全管理“两手抓、两手硬”，构建起学生安全稳定的有效机制和有生力量（刘震和盛佳伟，2023）。大学生既是安全稳定工作的对象又是安全稳定的主体，因此，发挥学生自身在安全稳定中的积极作用显得很有必要。如何发挥学生作用？笔者认为建立学生安全信息员队伍，协助学校管理者更加及时了解动态、掌握信息，以便更加有效地开展工作，从而维护学生安全稳定，是一个值得探讨的课题。

一、学生安全信息员队伍建设的必要性

（一）适应形势发展的需要

当前学生工作正处于经济全球化、信息网络化、高等教育普及化的大环境中，面临着许多新情况、新问题，影响高校安全稳定的因素呈现多样化、复杂化、深层次的趋势。国际敌对势力对高校学生分化、西化、渗透一刻也未停止，在信息网络化的今天，其分化、西化、渗透等活动也呈现新的特点。信息网络技术给人们带来极大便利的同时也为有害信息的快速传播提供了载体，虚拟的网络社会因具有开放性、自由性、隐匿性、异化性等特点，它在发展的过程中也给大学生的培养带来某些负面影响。如一些学生因深陷网络游戏而不能自拔，最终荒废学业或引发身心伤害的例子在当代大学校园里已不是什么新闻。随着社会节奏的加快和竞争压力的加剧，部分大学生在面对学习和生活的过程中产生了迷茫和不适，有些学生出现了心理问题，严重的还导致自杀、伤人的悲剧。近年来，大学生群体在总体积极向上、稳定健康的态势下，心理问题仍逐年增加，由心理问题引发的危机事件呈现上升趋势。有调查研究显示，近年来各高校每年心理咨询人数为300～3 000人（刘震和盛佳伟，2023）。上述这些都是引起学生不稳定的直接或间接因素，在具体学生工作实践中，及时了解学生动态、掌握相关信息是有效处理、化解不安全不稳定因素的基础性工作。长期以来高校学生工作在客观上存在着人手少、任务重的问题，建立学生安全信息员队伍能起到很好的补充作用。

（二）实现学生参与管理的需要

实现学生参与学校管理既是高校发展、实现使命的内在要求，也是实

现使命的方法。大学生既是学校教育与管理的对象，又是学校的主人，也是促进学校改革发展的内在动力，在高等教育竞争日益激烈的今天，学校的高质量发展离不开学生的参与、支持。同时大学担负着教育、培养高素质人才的重要使命，在学校管理过程中，使学生只充当以单向服务为目标的“臣民”、一味的“受动者”，而不赋予其相应权利和义务，学生主体意识的激发、能动性的发挥、能力的培养必将受到影响。让学生参与学校管理，有助于学生在具体管理活动中得到历练，起到长知识、长才干的作用，有利于对其综合素质的培养。因此要充分激发和调动他们的积极性、主动性和创造性，让他们参与到学校的各项管理中来。建立学生安全信息员队伍，发挥其自我管理、自我服务的功能，维护学生安全稳定，无疑为学生参与管理提供了渠道。

（三）掌握信息及时处置的需要

及时掌握信息才能及时处置各类事件，防止事态进一步扩大，将不良事件消除在萌芽状态，将负面影响控制在最小范围内。学生安全信息员来自学生，自身就是广大学生群体的一员，他们对一些影响学生安全稳定的不良事件和不良信息感受最直接，也最有发言权。学生安全信息员的优势必将为学校及时掌握信息进而及时处置、促进学生安全稳定提供有力的支持。

二、学生安全信息员队伍的定位

高校学生安全稳定工作是一项复杂的系统工程，学校必须整合各种力量，从不同层面进行全方位的工作，克服依赖某一种或几种措施就能将该项工作做好的侥幸心理。因此对学生安全信息员队伍在维护学生安全稳定方面所扮演的角色以及所起的作用要有一个清晰、准确的定位，充分考虑学生的特点，以便更好地发挥学生安全信息员队伍的作用。学生安全信息员的定位应该是协助学院或相关部门在力所能及的范围内了解影响安全稳定的各种因素，包括舆情、学生诉求等，及时反馈，为进一步开展工作提供参考。在校园整个学生安全稳定工作体系中，学生安全信息员队伍的地位是辅助性的，是有益的补充。学生安全稳定工作的主体应该仍是学生工作者，如辅导员、班主任等。因学生的主要任务是学习，在具体工作中不能给学生安全信息员队伍分配过多的额外工作；同时由于学生缺乏社会经验，对某些信息的判断可能会失真，因此学生工作者对这支队伍要高度重视、努力培养但不能过度依赖，学生工作者仍然要深入学生的学习、生活、工作场所，及时掌握第一手资料。

三、学生安全信息员队伍建设的途径和方法

（一）组织建设

要确保学生安全信息员队伍有效开展工作，首先要保证足够的学生信息员数量，建立相应组织，加强领导。学校层面可由学生工作部门和保卫部门直接负责这支队伍的建设，成立学生信息调研部，指定专人负责并对其进行指导。学生信息调研部作为学校学生会的单列部门直接由学生工作部门和保卫部门负责。考虑到信息处置的特殊性，应尽量减少行政程序。信息调研部的负责人及安全信息员在学生干部任职方面应予以确认，以充分调动积极性。

（二）制度建设

制度是工作的规范、规矩，古人云“无以规矩，不能成方圆”。一个人要成才需要形成良好的规范，一个组织要高效率运作、充满活力，必须建立一套有效的制度并加以实施。在制度建设中要实事求是，充分考虑队伍的特点和作用，认真研讨，积极建设。要建立这支队伍的日常运作制度，如安全信息员和信息调研部负责人的选拔制度、培训制度、信息报告制度、考核制度等。

（三）能力建设

安全信息员队员的能力素质高低直接关系到其发挥作用的程度。要通过思想教育、理论培训、信息处置技能指导、参观学习等方式，全面提高队伍素质，保证其有效开展工作。

第十二节　高校学生信息数字化建设探讨

学生信息建设是高等学校学生工作的重要组成部分，有助于对学生进

行“精准画像”，是开展因材施教，进行个性化教育，实施有效的思想政治教育和高效地处理学生突发事件的基础，在提升学生工作前瞻性、科学性、精准性，更好服务学生成长成才方面大有裨益。

一、传统学生信息管理的不足

随着学生工作内涵和外延的不断扩大，学生的各种信息量和学生事务工作成倍增加，传统的学生信息管理手段显得力不从心，在学生工作过程中其弊端也逐渐暴露出来，归纳起来主要有以下几个方面：

1. 信息孤立，动态变化反映不足

传统的学生信息是孤立的，教务部门有学生的成绩、上课情况等数据，学生工作部门有学生的评奖评优等数据，后勤部门有学生进出寝室、食堂消费等数据，数据出现在不同的系统中，没有整体性，没有交换，以至于不能全面反映大学生在学校的学习、生活轨迹，很难从中看出学生的个性和特点（盛建军等，2022）。信息孤立，一方面对学生的动态变化很难精准掌握，影响工作的实效性；另一方面对学生信息掌握不全，影响对学生成长的精准分析，影响工作的针对性。

2. 信息查阅耗时、耗精力

由于信息存在壁垒，不能互联互通，当学生工作者对一名学生进行综合分析时，需要经历与相关部门沟通、不同层级的审批及对不同的信息再进行分析整理等程序步骤，才能构建起一个学生的综合面貌，这无疑是一件既费精力又费脑力的工作。

3. 学生信息的利用率低下，造成资源浪费

由于传统的学生信息管理存在不足，不能为具体学生工作提供全面快捷的分析和参考，因而往往会被忽视，从而造成学生信息利用率不高、资源浪费的情况。

二、学生信息数字化建设的必要性

1. 学生规模扩大的现实需要

近年来学生的各种信息量和事务工作量大幅上升，因来不及建立一套新的适应形势发展的学生信息管理模式，造成了学生管理人员整天忙于处理日常事务且效率低下的不良局面。当遇到学生突发事件时由于信息不对称，更是如临大敌。信息处理不力实际上成了有效开展学生工作的制约因素，因此迫切需要建立一套行之有效的学生信息处理技术，提高工作效率和管理水平。

2. 适应新时期学生工作的新要求

当前学生工作各种新问题不断出现，学生工作面临着前所未有的挑战。高校学生工作者必须从繁重的事务性工作中解放出来，认真研究问题，掌握规律，找出对策，把学生引导好、教育好、培养好，真正履行高校学生教育工作者的职责。在计算机技术等信息化手段广泛应用的今天，完全可以利用数字技术，将大量的学生信息用数字来表达、存储，再通过网络来联网，使信息更加畅通，管理和使用更加便捷，从而节约人力资源，提升学生管理水平。

3. 大学的自身使命所决定

大学是培养高级人才和研究学术的重要场所，是继承、吸收、扬弃、创造、运用、积累、传播人类社会一切文化成果和知识的重要基地，在整个教育体系中处于重要地位，同时也在国家创新体系中处于基础和关键地位。在数字化时代，高校的数字化建设，包括学生工作理应走在前列。

三、学生信息数字化建设中需要重视的问题

1. 认识到位，加大宣传，提升信息意识

思想认识到位是完成工作的基础，良好的信息建设氛围是做好工作的推进剂。要通过一定的形式营造良好的氛围，介绍信息的相关知识，培育、提升信息意识。通过多种渠道向广大教职员工特别是学生工作者宣传学生信息数字化建设的必要性和重要意义，使其充分认识到在新的社会时代条件下加强学生信息建设是一所高校突破学生管理瓶颈，实现现代化管理的重要途径，是新时期高校学生管理工作的必经之路，是提高学校人才培养质量和提升学校竞争力的重要举措。

2. 加强领导，积极调研，重视规划

学生信息数字化建设是一项系统工程，牵涉部门多，涉及面广。学校

应把此项工作上升到学校层面进行研究和部署，成立专门的领导机构，指定专门的牵头部门和人员负责。要重视调研、规划，保证相应的经费投入，使这项工作有计划、有步骤地进行。

3. 加强培训，提高水平，顺利实施

学生信息数字化建设最后的实施者主要是由一线的学生工作人员完成，他们完成质量的高低直接关系学生信息数字化建设的水平。因此要对他们加强学生信息数字化建设规程、制度以及计算机、网络等应用技能的学习培训，提高建设水平，保证工作的顺利实施。

四、学生信息数字化建设的探讨

1. 目标问题

目标问题是学生信息数字化建设工作的基础性问题，具有先导性，它决定了建设的方向、内容、规格等具体问题。笔者认为学生信息数字化建设的目标是把分散的学生信息建成信息集中的动态学生“电子档案”，在实际工作中实现学生信息及时、快速、全面的查阅，为有效开展学生工作提供信息支持。同时，当学生毕业时其数字化信息既可转化为个人的纸质档案材料，也可作为学校长期保存的学生档案资料的一部分。

2. 范围问题

在学生基本信息的基础上，重视学生成长的记录，从学习、生活、工作、奖励荣誉获得等多层面立体地展现学生的成长轨迹，突出学生的个性和特点。理论上讲，学生数字化信息应包括尽可能多而全的能反映学生特点和学生工作需要的信息。

3. 建设、查阅、管理问题

学生信息数字化建设是一个复杂且长期的过程，学生信息需要不断地充实、更新、积累。笔者认为，在建设过程中要分工协作，各司其职，原则上学校制订相应的规范，各学院负责对本学院学生基本信息的建设，各职能部门负责对学生相关信息的审核。学生信息的很多内容涉及学生的隐私，因此对信息的查阅要严格管理，具体地说应该对学生信息设置查阅权限，对相关人员分配密码。信息管理问题按照谁建设谁管理的原则进行。

4. 数字化信息与学生纸质档案的关系问题

学生数字化信息是学生纸质档案的重要补充，在具体运作过程中不能忽视学生纸质档案的日常建设工作，通过加强学生信息数字化建设来促进学生纸质档案建设。

第十三节　工作案例

工作案例一：基于专业群特色学生校园文化活动的实践

以笔者原所在某二级学院为例，学院发源于较早的园林系和旅游系。笔者在学院工作期间，学院设有园林、风景园林、园林艺术设计、城乡规划、建筑学、土木工程、旅游管理等专业，这些专业共同构成了人居环境设计和建设的专业群。

学院紧密结合学科专业特点，积极实施基于专业群特色的学生校园文化活动，使学生校园文化活动紧密契合人才培养的定位和要求、紧密契合时代精神与学院文化传承，体现校园文化活动的导向性、融合性、集约性和实践性，在实践中取得了积极成效。以下介绍学院的部分校园文化活动（活动图片来源于所在学院）。

一、植物辨认大赛

比赛以小组为单位，每组若干人，采取分组对抗的形式，在规定时间内辨认植物。

植物辨认大赛

二、插花大赛

比赛以小组为单位，每组若干人，进行插花比赛，每组比赛限时 30 分钟，作品完成后，每组填写立意说明。

插花大赛

三、书法比赛

组织举办书法比赛，反映爱党爱国、廉洁奉公、诚实守信、恪尽职守等精神内涵。

书法比赛

四、手绘布袋大赛

选手现场领取一份纯白可绘布袋，将学校风景手绘于布袋上。

手绘布袋大赛

五、摄影大赛

参赛作品必须是作者原创，注明作品标题，可单幅或组照参赛。

摄影大赛

六、拼图大赛

2～3 人一组，发挥团队的力量，共同完成作品。

拼图大赛

七、建筑临摹大赛

大赛主题为“我的建筑我做主”，比赛以个人为单位。

建筑临摹大赛

八、建筑模型设计大赛

建筑模型设计制作 3～4 人一组，发挥团队的作用，共同完成作品。

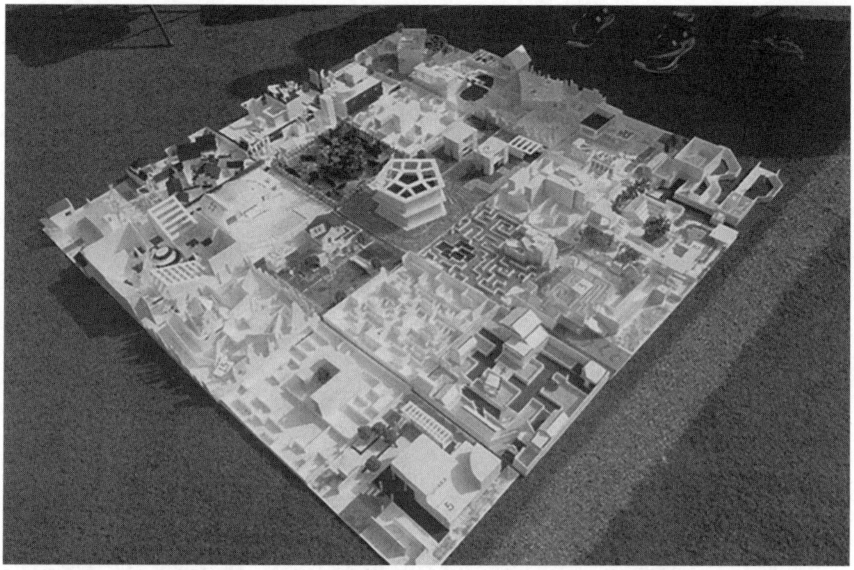

建筑模型设计大赛

九、寝室文化设计大赛

以寝室为单位，展示当代大学生寝室文化风采。

寝室文化设计大赛

十、百米长卷手绘活动

让学子们在百米长卷上绘制自己眼中的抗疫英雄故事，用专业学习的绘画技巧来表达对抗疫精神的理解。

百米长卷手绘活动

十一、导游服务大赛

比赛分为两部分：景点讲解和才艺表演。

导游服务大赛

十二、研究生学术沙龙

研究生学术沙龙可以开拓学生视野，培养创新精神和创新能力。

研究生学术沙龙

十三、新生才艺秀活动

新生才艺秀有效地挖掘了学生的才艺，丰富了学生的课余生活，鼓励学生发展多项才能，拓展自身特长。

新生才艺秀活动

工作案例二：尊重个性，因势利导，促进学生成长

当代大学生处于我国社会主义市场经济深入推进、网络迅速普及、国际交流日益频繁的环境之中。他们身上呈现出了一些新的特点，如思维活跃、个性突出、追求自我、敢于挑战传统、渴望成长等。同时相对来说，他们思想尚未成熟、考虑问题相对片面、习惯于网络经验、缺乏社会体验和认知。如何做好新时期大学生的教育引导，促进他们的成长是摆在所有高校教育管理者面前的一大课题。在日常的教育管理中，笔者始终坚持“以生为本”的工作理念，尊重每个学生的个性及其主体地位，积极因势利导，摆问题，指方向，鼓励学生独立思考自身的发展并作出积极的行动，并在具体的工作实践中，做了积极的探索。

一、案例简介

郭企（化名），男，汉族，来自华东某省沿海城市。该学生考入学校时其高考成绩位列班级中等偏上。

郭企在文艺尤其是演唱方面有特长，对于文艺活动，他都是积极参加，精心准备。交往过程中，郭企给人的印象是自信、有想法，有少年老成的感觉，同时表现出的稚气也一览无余。

进校后，他第一学年成绩不理想，成绩排到班级中下水平，个别功课出现不及格。到了大学二年级，这种状态迅速恶化，累计不及格学分临近退学边缘。通过与其谈话，得知郭企同学对专业学习并不感兴趣但也不排斥，不希望在专业方面发展，而是想毕业后开办自己的公司当老板。郭企曾将这个想法告诉父母，但遭到坚决反对。父母的意思非常明确，必须学好专业，以后找一份稳定的工作。郭企觉得自己想法得不到理解和支持，开始自暴自弃，以至于成绩一落千丈，濒临退学。

找到问题后，笔者积极与家长沟通交流，达成统一意见。通过努力，郭企顺利毕业，并考取国内某著名高校的研究生，为自己的理想再次拼搏。

二、案例分析处理

本例所要解决的主要问题是通过与家长的沟通交流，达成一致的可行的方案使学生能正常学习，顺利完成学业。郭企产生厌学而自暴自弃的原因在

于，一方面其本人对学业和创业两者缺乏有效的认知，缺少社会经验；另一方面是学生与家长缺少有效沟通，以致产生隔阂。

基于郭企的成长背景，以及通过与其谈话，得知他是一名有想法和有见地的学生，他希望被尊重、被认可，在做思想工作时需要因势利导。同时，郭企在演唱方面有特长，在做工作时笔者以演唱加特长为切入点进行思想引导。

（一）积极倾听学生想法

在与郭企谈话过程中，首先肯定了他的优点，在谈话中充分肯定他是一名很有潜力的学生，有自己的特长，学习基础很好，人又聪明，但是为什么成绩下降到如此地步，原因肯定不是他的能力问题，那么是不是他在专业方面有自己的想法。

在一开始找郭企谈话时，明显感受到他排斥的神色。当在肯定他优点，又未否定他能力时，感觉到的是他重拾的自信。他开始讲述他的苦恼，他不希望在专业方面发展，而是想毕业后开办自己的公司当老板，但遭到父母坚决反对，于是自暴自弃。

在第一次谈话过程中，笔者更多的是倾听他的想法，做一名倾听者。

（二）主动与家长交流沟通

知道郭企不安心学习、无心学习的症结后，积极与其家长交流沟通。在与其家长沟通过程中，向家长反映了郭企的现状和想法，觉得如果郭企这种状态持续下去，肯定会被退学，这种结局与家长的初衷是相违背的。与其这样，家长不如有条件地退一步，同意郭企的想法，让他对喜欢的事情进行尝试。于是达成了这样的方案：郭企必须努力学习，在保证能顺利毕业的前提下，家长支持郭企的想法，鼓励郭企利用暑假对一些公司负责人进行访谈，公司负责人由郭企自己联系。同时，家长出经费赞助其对自己想开办的公司类型进行资料收集和调研。

（三）再次与学生交谈，尊重学生想法

在与家长达成一致意见后，与郭企进行再次交流，表示对他的想法进行了认真的考虑，愿意帮他与家长做一次交流沟通，询问他对此有何看法。得知笔者将主动做家长的工作时，郭企觉得很意外，同时觉得自己都很难说通父母，笔者去沟通肯定无效果，劝笔者不要浪费时间。同时，笔者乘机与郭企约定，如果家长改变想法，他也要做一些退让，对此他表示同意。

（四）第三次与学生交谈

几天后，再找郭企谈话，告知他其父母亲同意其以后开办公司的想法，但还有些条件要谈。问郭企是否需要笔者在场，一起参与，做个见证。他表示无异议。

（五）学生、家长、笔者“三方会谈”

约定时间后，如期面谈。郭企与父母顺利约定了如下想法：①父母同意郭企毕业后开办公司，并资助经费；②郭企保证能顺利毕业；③为开办公司积累经验，鼓励郭企利用暑假对感兴趣的公司负责人进行访谈，同时父母出经费赞助其对自己想开办的公司类型进行资料收集和调研。

当天的面谈进行得很顺利，郭企和父母都如释重负。

（六）暑假后的回访

暑假回校后，郭企精神奋发，表示经过暑假的访谈和资料收集，他认为还是要在大学好好学习，充分利用专业优势，开办自己熟悉行业的公司，并表示在前几年要进行知识积累，先考取硕士研究生，为以后进行创业打好基础。

经过努力，郭企顺利毕业，并考取了国内某著名高校的研究生。

三、对策思考

在此次对学生的教育引导过程中，主要采用了倾听学生想法、与家长交流沟通、有条件的退让、鼓励学生实践、学生实践中的反思、学生自我规划等方法。

在整个事情的处理过程中，笔者做的主要有两点，即倾听和沟通。笔者没有替学生作主，而是让学生来决策未来。遵循“尊重学生主体、强调主体实践、引导学生反思”的教育管理理念，强调学生在大学教育与管理过程中的“目的性、自主性、自为性和能动性”的主体特征。在教育引导过程中，看似无为，实则是无为中的有为。

四、工作建议

（1）讲究工作艺术，善于倾听，善于沟通。

（2）尊重个性，因势利导，根据学生特点有针对性地开展工作。

（3）强调学生的主体性，只有激发学生自身能动性，问题才能迎刃而解。

（4）教育引导，对于大多数学生来说，更多的是强调引导。

（5）相信学生的潜力，学生工作者并不比学生聪明。与学生相比，学生工作者的优势在于有更多的经历和经验。因此，学生工作者给学生的不是答案，答案由学生自己来找，学生工作者做的仅是帮助学生寻找获得答案的方法。

工作案例三：以“绿色”为纽带　延伸育人时空

为充分发挥学生文明寝室建设的效用，学院在学生文明寝室创建过程中紧紧围绕育人这个根本，结合专业特色，以“绿色”为载体，延伸育人时空，积极实现文明寝室建设与人才培养的有机结合，提升人才培养质量。

一、抓好顶层设计，选好工作载体

学院积极贯彻落实学校关于学生文明寝室建设的有关精神和各项工作要求，认真制订学院学生文明寝室建设方案。在制订方案过程中，学院认真研究，反复比较，结合学院专业优势和师生特点、兴趣，选择了与学生专业学习和研究紧密相连的“绿色植物”为工作载体，制造师生之间、学生之间的共同话题。以“绿色植物”为凝聚点达成共识，凝心聚力；以“绿色植物”为发散源，树立生态意识，传播生态理念；以“绿色植物”为动力源，多层次多角度推进学生文明寝室建设。

二、层层有序推进，做好绿色营造

学院在学生公寓楼布置过程中，采用了大量学校师生自己拍摄的“绿色植物”作品，并将作品有序布置在寝室走廊，营造绿色氛围。学院领导向学生寝室赠送亲手培植的绿色植物石莲花，并耐心讲解植物习性及栽培要点和注意事项，石莲花的精神也随之传递给广大同学。在新生报到之际，开展绿色植物传递活动，学院赠送每个新生寝室一盆绿色植物，希望大一新生认真熟悉植物生长习性，用心呵护，来年传递给下一届新生，在传递植物的同时将生态理念也一并传递给新同学。

三、创建中学知识，寝室也是教室

有了“绿色植物”这条大家都熟悉的纽带，教师进寝室与学生有了共同话题，师生交流变得更融洽、更贴近专业、更贴近同学实际。植物也可延伸到学生的为人处事，使教师的教育和引导变得水到渠成。学生之间有了“绿色植物”这条大家都熟悉的纽带，使大家有了更多的交流素材，有了更多的关于植物的故事和回忆，这种方式促进的是交流，增进的是友谊。学生养护绿色植物的过程中，感受的是一种绿色的生命力，加深的是对专业的认知。在“绿色”的氛围中，大家体验的是一种绿色的文化，感悟的是一种生态的理念和精神。在以“绿色植物”为载体的文明寝室创建过程中，学生的习惯养成与知识学习、文化熏陶并进，寝室也成了教室，育人的时空得到了延伸。

主要参考文献

昂晴，2007. 大学生人文素养教育刍议 [J]. 教育发展研究（10）：86-87.

蔡国春，2000. 高校学生事务管理概念的界定——中美两国高校学生工作术语之比较[J]. 扬州大学学报（高教研究版）（2）：56-59.

蔡婧，2016. “大学工”理念下大学生核心职业能力提升路径探析 [J]. 佳木斯职业学院学报（11）：79-80.

曹红，张继革，2004. 完善高校学生思想政治工作体制 切实加强学生工作队伍建设 [J]. 兰州大学学报（6）：128-130.

陈纯槿，2022. 成长型思维能有效提升青少年学业素养吗？[J]. 华中师范大学学报（人文社会科学版）61（5）：167-177.

陈冬蕾，2020. 高职院校辅导员工作程序化管理的思考 [J]. 智库时代（3）：44-45.

陈根法，2019. 成长的奥秘 [M]. 长沙：湖南教育出版社.

陈静，2009. 试论我国高校学生工作队伍的职业化标准 [J]. 江苏高教（2）：121-123.

陈倩，2006. 关于高校依法治校若干问题的思考 [J]. 学校党建与思想教育（9）：61-62.

陈巍，2011. 大学生成长教育的路径研究 [J]. 教育评论（2）：64-66.

陈伟中，2013. “五五”管理之道 [M]. 北京：中国经济出版社.

陈小燕，2008. 密尔论最大幸福原则 [J]. 党政干部学刊（9）：61-62.

程蒙，杨光，李颖，等，2020.《中国中药资源发展报告》简述 [J]. 中国食品药品监管（1）：4-11.

邓小明，廖永林，卞程秀，2021. 我国大学生廉洁教育的现状、问题与对策建议 [J]. 内江师范学院学报，36（11）：83-86.

丁东宇，2006. 论高校学生工作理念的深层转型 [J]. 黑龙江高教研究（5）：122-124.

丁秀芹，陈柯，2015. 传统与现代：中国传统廉洁文化对大学生廉洁意识的塑造 [J]. 宁夏社会科学（6）：179-182.

范志华，2005. 人文素养在当代大学生中的缺失与重建 [J]. 学校党建与思想教育（12）：44-46.

方恩升，2007. 论法律视野中高校与大学生的纠纷 [J]. 求索（1）：119-122.

戈振凯，赵永恒，蒙静雯，等，2020. 中药产业集群发展现状及对人才培养的需求 [J].

广西医学，42（2）：241-243.
龚顺，叶茂鑫，2021. 新冠肺炎疫情与大学生的国家认同感［J］. 青年研究（3）：53-62.
郭玲，2021. 婚姻家庭幸福感报告 揪出幸福婚姻的隐形杀手［J］. 小康（4）：64-65.
何明，廖国强，2007. 中国竹文化［M］. 北京：人民出版社.
何万国，漆新贵，2010. 大学生实践能力的形成及其培养机制［J］. 高等教育研究，31（10）：62-66.
洪海松，郑如莹，2008. 试论高校学生管理工作的制度化［J］. 法制与社会（13）：176-177.
胡于凝，2018. 大学生廉洁教育：英国经验及启示［J］. 国家教育行政学院学报（1）：75-80.
黄盛林，2004. 竹资源开发利用技术与竹产业发展策略实用手册：第1卷［M］. 北京：银声音像出版社.
黄天柱，2006. 从利益失衡看统一战线在和谐社会构建中的优势［J］. 广东省社会主义学院学报（3）：21-25.
黄兆信，宋兆辉，2011. 高校创业教育面临三大转向［J］. 教育发展研究（9）：45-48.
黄兆信，王志强，2017. 高校创业教育生态系统构建路径研究［J］. 教育研究（4）：37-42.
金荷仙，华海镜，方伟，1998. 竹文化在中国古典园林中的运用［J］. 竹子研究汇刊，17（3）：66-69.
靳媛，李娜，2007. 大学生目标设置特点及其对高等教育启示的探析［J］. 医学与哲学（人文社会医学版），28（6）：60-61.
阚莉，2014. 文化传承与创新：大学“第四职能”的理性分析［J］. 现代教育管理（11）：11-15.
兰海，2018. 兰海成长教育公开课［M］. 北京：北京出版社.
李长真，2005. 论大学文化与先进文化［J］. 理论导刊（7）：28-30.
李凌艳，耿丽娜，2018. 成长型思维模式干预项目及其对我国自主发展教育落地的启示［J］. 教育科学研究（9）：80-85.
李世东，颜容，2007. 中国竹文化若干基本问题研究［J］. 北京林业大学学报（社会科学版），6（1）：6-10.
李涛，尹昌美，程璐，2022. 新时代高校学生制度建设的研究与探索［J］. 黑龙江教育（理论与实践）（2）：37-39.
林炼琦，2013. 在校大学生内驱力影响机制及应用研究［D］. 南昌：南昌大学.
刘爱荣，2000. 知识经济时代大学的地位、使命与功能［J］. 辽宁教育研究（3）：40-41.
刘碧强，2012. 美国高校创业型人才培养模式及其启示［J］. 中国高等教育评估（3）：

71-80.

刘碧强，2014. 英国高校创业型人才培养模式及其启示 [J]. 高校教育管理，8 (1)：109-115.

刘恩斌，施拥军，李永夫，等，2012. 基于非空间结构的浙江省毛竹林固碳潜力 [J]. 林业科学，48 (11)：9-14.

刘枫，王成奎，2007. 大学生的求助行为及其“关系”取向的助人模式 [J]. 江苏高教 (5)：121-122.

刘光平，2007. 论现代大学从社会边缘走入社会中心 [J]. 中国电力教育 (9)：12-13.

刘疏影，2022. 本科生学习内驱力影响因素与提升策略研究 [D]. 南昌：南昌大学.

刘震，盛佳伟，2023. 总体国家安全观视域下高校学生安全稳定工作的潜在风险及其应对 [J]. 学校党建与思想教育 (1)：83-86.

罗兰，王艺腾，季璐，2022. 视觉文化视阈下大学生思维品质的培养与塑造 [J]. 理论导刊 (6)：122-128.

梅海燕，金泠，张果，等，2018. 基于脑科学的成长型思维培养：发展每一个学生的潜能 [J]. 中小学管理 (6)：46-49.

倪武业，2009. 生态伦理视阙中的孔子“比德”说 [J]. 哈尔滨学院学报，30 (2)：20-23.

彭静雯，刘疏影，2022. 在“本能”与“认知”之间：学习内驱力提升的分野及融合[J]. 高等工程教育研究 (5)：111-118.

彭均，于涛. 当代大学生“躺平”现象的多维论析——基于对全国 23 所高校 9305 名大学生的调研分析 [J]. 北京航空航天大学学报 (社会科学版)：174-181.

蒲苗，2021. 新时代大学生劳动教育课程实施的个案研究 [D]. 北京：中央民族大学.

钱颖一，2018. 批判性思维与创造性思维教育：理念与实践 [J]. 清华大学教育研究，39 (4)：1-16.

申素平，2007. 高等学校与学生法律关系的基本理论 [J]. 中国高教研究 (2)：45-47.

盛建军，褚杭骐，董杜斌，2022. 新时代高校智慧思想政治教育探析 [J]. 教育评论 (11)：110-116.

盛昭瀚，2019. 问题导向：管理理论发展的推动力 [J]. 管理科学学报，22 (5)：1-11.

史冬辉，2007. 高校学生信息队伍建设初探 [J]. 太原城市职业技术学院学报 (1)：114-115.

史冬辉，2012a. 论农科大学生人文素养的“隐性”缺失 [J]. 教书育人 (高教论坛) (4)：26-28.

史冬辉，2012b. 高校学生管理程序体系的构建 [J]. 黑龙江教育 (高教研究与评估) (4)：74-75.

史冬辉，2017a. 基于“比德”思想的竹子精神探析及高校育人价值 [J]. 竹子学报，36（3）：25-28.

史冬辉，2017b. 论竹文化在农林高校的传承和创新 [J]. 竹子学报，36（1）：74-77.

史冬辉，2018. 新时期大学新生求助现状的调查分析 [J]. 中国统计（2）：35-37.

史冬辉，2020. 大学生竹文化认同现状初探 [J]. 竹子学报，39（2）：74-78.

史冬辉，梅亚明，2011. 基于学生主体实践的自我反思教育 [J]. 中国林业教育，29（1）：10-12.

史冬辉，魏玲玲，2012. 高校二级学院校园文化活动实施策略的探讨 [J]. 中国林业教育，30（4）：40-42.

舒练，崔健，2021. 建构幸福高校思想政治理论课的三维审思 [J]. 学术探索（2）：144-151.

斯金平，王琦，刘仲健，等，2017. 铁皮石斛产业化关键科学与技术的突破 [J]. 中国中药杂志，42（12）：2223-2227.

宋喆，2013. 高校共青团在文化传承和创新中的责任和使命 [J]. 江苏高教（3）：135-136.

孙德玉，许露，2015. 论先秦儒家“比德”思想的教育意涵 [J]. 高等教育研究，36（7）：92-96.

孙纬业，2010. 创业型人才培养模式研究 [J]. 教育发展研究（1）：57-60.

王长金，2014. 中国竹文化通论 [M]. 南昌：江西人民出版社.

王超，李冰冰，晋媛媛，2022. 卓越工程师培养机制中“实践不实”现象的诱发因素研究——基于参与者视角的扎根理论分析 [J]. 中国高教研究（9）：46-52.

王国彦，2016. 我国高校学生工作历史演变及目标、内容、方法逻辑关系研究 [J]. 亚太教育，59（20）：249-251.

王凯旋，2015. 辅导员管理工作中的“有为”与“无为”[J]. 教育艺术（1）：72，64.

王瑞乐，杨琪，黄宝珍，2022. 新冠肺炎疫情前后大学生道德观比较 [J]. 科技导报，40（7）：107-112.

王喜忠，胡婷婷，董卓宁，2016. 国际化背景下高校学生工作队伍建设存在的问题及对策研究 [J]. 思想教育研究（8）：121-123.

王育德，王云江，2004. 用科学的发展观指导高校学生工作的理论与实践 [J]. 河北建筑科技学院学报（社科版）（2）：109-110.

文辉，黄少波，2007. 系统论在高校学生思想政治教育工作的运用与实践 [J]. 学术论坛（5）：186-189.

吴伟，邹晓东，陈汉聪，2011. 德国创业型大学人才培养模式探析——以慕尼黑工业大学为例 [J]. 高教探索（1）：69-73.

肖红伟，2009. 论创业型人才的内涵特征及其培养策略 [J]. 企业经济 (7)：56-58.

徐美华，刘轩，2022. 当代大学生的“佛系”特征、成因及影响——基于 16 所高校 717 名大学生的调查研究 [J]. 重庆高教研究，10 (2)：117-127.

徐同文，房保俊，2012. 应用型：地方高校人才培养的必然选择 [J]. 高等教育研究，33 (6)：59-65.

徐小洲，倪好，吴静超，2017. 创业教育国际发展趋势与我国创业教育观念转型 [J]. 中国高教研究 (4)：92-97.

徐晓宁，2017. 新时代大学生幸福观教育的新思考 [J]. 思想理论教育导刊 (12)：136-138.

徐旭东，2005. 开放教育中实施素质教育的对策思考 [J]. 远程教育杂志 (2)：52-54.

徐艳国，2008. 中英高校学生工作队伍建设比较研究 [J]. 思想理论教育导刊 (9)：85-87.

许文蓓，2000. 高等教育大众化与高校学生工作的思考 [J]. 江苏高教 (5)：39-42.

宣勇，付八军，2013. 创业型大学的文化冲突与融合——基于学术资本转化的维度 [J]. 中国高教研究 (9)：86-89.

宣勇，2014. 理念、路径与制度：创业教育视域下的高等教育变革 [J]. 高等教育研究，35 (12)：103-106.

宣勇，张鹏，2012. 论创业型大学的价值取向 [J]. 教育研究 (4)：43-49.

杨开良，2013. 我国竹产业可持续发展的思考 [J]. 林业资源管理 (3)：12-16.

杨练武，2017. 高校“大学工”模式的内涵与实现途径 [J]. 科教导刊（中旬刊）(17)：21-23.

杨晓慧，2010. 当代大学生成长规律研究 [M]. 北京：人民出版社.

杨秀芹，2001. “学生负担过重”的困惑与反思 [J]. 遵义师范学院学报 (4)：92-93.

杨怡敏，唐敏，2022. 大学生廉洁教育的路径与机制探究 [N]. 江苏教育报，2022-06-15 (003).

姚凯，李思志，王姣姣，2020. 高校创业型人才培养模式研究 [J]. 现代教育管理 (4)：40-46.

应金飞，2017. 我国高校学生工作的历史变迁研究 [J]. 西昌学院学报（社会科学版），29 (1)：108-111.

应中正，2017. 高校学生工作组织机构科学化研究 [M]. 北京：北京师范大学出版社.

于彩霞，2017. 大学生成长型思维模式的培养探究 [J]. 吉林工商学院学报，33 (6)：122-124.

俞敏洪，2020. 我的成长观 [M]. 北京：中信出版社.

袁留亮，2016. 图书情报领域中的求助行为研究述评 [J]. 现代情报，36 (7)：166-170.

曾仕强，刘君政，2019. 家教：父母如何教养孩子［M］. 成都：四川人民出版社.
张伯礼，张俊华，陈士林，等，2017. 中药大健康产业发展机遇与战略思考［J］. 中国工程科学，19（2）：16-20.
张峰，田建国，2009. 论高校学生管理工作的后现代转向［J］. 黑龙江高教研究（5）：17-19.
张冠鹏，2013. 新中国成立以来高校学生管理制度的历史沿革与基本经验［J］. 黑龙江高教研究，31（12）：36-39.
张夸夸，翁异静，蒋炳蔚，2020. 当代大学生行为内驱力影响机制研究——基于浙江省 5 所高校的调查数据［J］. 统计与管理，35（8）：122-128.
张明，2000. 不用扬鞭自奋蹄——谈大学生的自我管理［J］. 广州师院学报（社会科学版）21（4）：96-100.
张明军，冀天，2013. 新时期多元利益诉求阻滞的制度因素及其科学建构［J］. 社会科学研究（4）：38-42.
张微，2019. 高校学生工作的社会工作参与：一个基于多所高校的经验研究［M］. 北京：中央编译出版社.
张维迎，2014. 理念的力量［M］. 西安：西北大学出版社.
张小波，郭兰萍，张燕，等，2014. 关于全国中药资源普查重点调查中药材名录的探讨［J］. 中国中药杂志，39（8）：1345-1359.
张学敏，林宇翔，2022. 家庭资本对大学生成长型思维水平的影响［J］. 重庆高教研究，10（3）：88-103.
张志勇，杨玉春，2020. 深刻认识新时代劳动教育的新思想与新论断［J］. 中国教育学刊（4）：1-4.
章志强，2006. 实验西校“成长教育”的理论与实践研究［D］. 上海：上海师范大学.
赵鹤，2015. 再论创业的定义与内涵：从词源考古到现代释义［J］. 教育教学论坛（1）：84-86.
郑爱平，张栋梁，吕森华，2016. 论研究生廉洁教育的范式转换［J］. 学位与研究生教育（5）：28-32.
郅庭瑾，程宏，2010. 国外中小学思维教学研究：争议与启示［J］. 教育研究，31（12）：98-102.
周德义，2003. 论无为、有为与不为［J］. 长沙电力学院学报（社会科学版）（4）：24-25.
朱晓丽，2005. 让传统人文素养滋润中学生的精神世界［J］. 新疆教育学院学报，21（1）：49-51.
朱永新，2021. 成长是人生最好的姿态—2021 年新年致新教育同仁［N］. 江苏教育报. 2021-01-29（005）.

邹晓东，陈汉聪，2011. 创业型大学：概念内涵、组织特征与实践路径 [J]. 高等工程教育研究（3）：54-59.

左晶晶，段鑫星，2021. 我国高校学生管理制度的变迁轨迹与演变逻辑 [J]. 黑龙江高教研究，39（12）：14-20.

卡罗尔·德韦克，2017. 终身成长 [M]. 楚祎楠，译 . 南昌：江西人民出版社 .

水野学，2021. 一切从目标开始 [M]. 曹倩，译 . 成都：天地出版社 .

约翰 . 杜威，2019. 我们如何思维 [M]. 王文印，译 . 成都：天地出版社 .